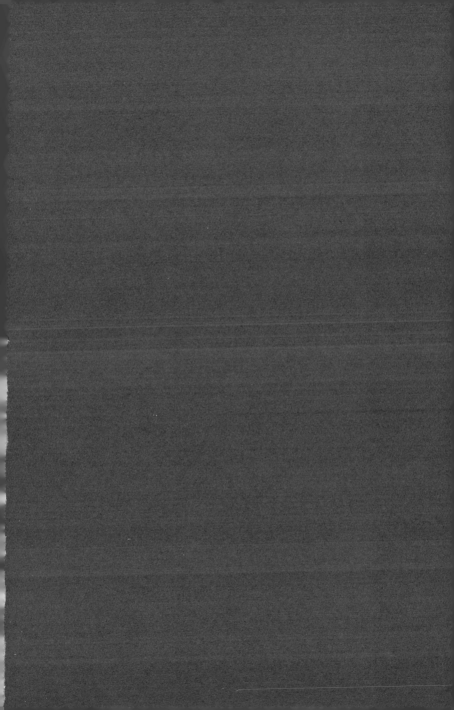

最速で億を稼ぐ！
不動産投資［成功の原理原則］

家賃収入5億円を超えるギガ大家への
最短最速王道ステップ

木下たかゆき Takayuki Kinoshita

Real Estate Investment

ぱる出版

はじめに

◆サラリーマンの仕事では、億万長者にはなれない!!

金持ちになりたい！

それも、すぐになくなるようなチマチマしたお金じゃなくて、1億円を超えるような大金を手にして、経済的自由というヤツを謳歌したい！

生活のためではなくて、やりたいことのため、好きなことのために思い切りお金を使ってみたい！

誰でも、そんな思いを抱いたことがあると思います。

サラリーマン時代の僕もそうでした。

お金があっても死ぬほど忙しいようでは意味がないから、お金だけではなく、自分の時間も欲しいなあ。でも、どうやればいいんだろう？

そんなことを考えながら、本屋に出かけ、資産運用コーナーやビジネス書コーナーを読み、サラリーマンから億万長者になる方法を模索していました。

そこでわかったことがあります。

現代の日本で、ごく普通のサラリーマンが億万長者を目指したとしても、ほとんどの場合、無駄な努力に終わります。

まず、サラリーマンの仕事で億万長者になるのは絶対に無理です。

日本のサラリーマンの生涯年収は2億円~3億円といわれています。

マイホームを買って、子供たちを育てて、年をとった親の面倒を見てというような、普通の生き方をしていれば、何も残りません。

残らないどころか、夫婦のどちらかが病気でもすれば、わずかな年金は医療費に消え、一気に貧しい生活になってしまう可能性さえあります。

ごくたまに、外資系金融機関などで年収5000万円以上の給料をもらっている人に会いますが、彼らの忙しさやプレッシャーは半端ではありませんし、景気に左右されるなど、仕事も安泰ではありません。

実際、リーマンショック後に、大手証券会社の社員が大量に失業しました。

運よく、それを免れたとしても、この道で億万長者になるには、相当高い能力とメンタルの強さ、そして体力が不可欠といえます。

芸能界やプロスポーツの世界は他の業界に比べて億万長者が誕生しやすい場所です。でも、子供が夢見るならまだしも、普通のサラリーマンが今から目指すのは現実的とはいえないでしょう。

株や為替（FX）という方法もありますが、安定して収益を上げ続けるのは至難の業です。バブルの時に株長者になった人で、今もその資産を保っている人はほぼいません（僕もかつてけっこうな損失を出しました……）。

そこそこ現実的なのは、起業することです。ビジネスが当たれば、億万長者になるチャンスはあります。

平日にゴルフ場に行くと、日に焼けた人生の先輩たちが、昼間からビールを飲んでいますが、あの人たちはほとんどが、ビジネスで成功した社長さんや会長さんです。

しかし、起業で長い間、安定的に収入が入る仕組みを作るのは、そう簡単ではありません。

僕自身、20代の頃にサラリーマンをしながらフランチャイズの小さな飲食店を経営したことがありますが、一年で撤退しました。

ある年にガッツリと稼げても、翌年にはすっからかん。プラマイゼロならラッキーで、大きな借金だけが残る。従業員とのやりとりに疲れて、人間不信に……。そんなことが当たり前の世界です。

言い換えると、起業で億万長者になるのは、よっぽど経営の才能がある人か、運に恵まれた人といえます。

やりたいことがある人にとってはチャレンジする価値はあるでしょうが、僕はもう二度と、同じことをしようとは思いません。

◆33歳で億万長者になった僕のやり方

ここまで悲観的なことを書きましたが、僕自身はある方法で、億万長者になることができました。その方法とは、不動産投資です。

現在、33歳で、満室想定家賃年収は6億円。30億円以上を投資しています。ここまで来るのに、費やした年数は約6年です。

初めて不動産投資に興味を持ったのは大学生のとき。

何もわからないまま銀行に行き、「アパートを買いたいので、お金を貸してください」

とお願いしたのですが、相手にされませんでした（今思えば当たり前ですが）。

リベンジとばかりに、就職して少し経った頃に、区分マンションを買いました。まだ20代前半の若造でしたが、学生の頃と違い、銀行からはスムーズに融資を引けました。その後も区分マンションをもう一つとボロ戸建3戸、小さな中古アパートを買い増しました。

しかし、この頃はあくまでも副収入であり、僕の人生に大きなインパクトを与えるレベルではありませんでした。

大きな変化があったのは今から6年前、27歳のときです。

本格的に不動産投資を始めたいと考えていた僕の元に、面白い物件がやってきました。

半分が空室で、トイレは汲み取り、住んでいるのは身寄りのないお年寄りや生活保護の方たち、というハードなスペックの木造二階建ての文化住宅、いわゆる長屋です。

そして僕は縁あって、この物件のオーナーになりました。

サラリーマンだった僕は、「やばい。大変なところに足を踏み入れてしまったかも……」と思いながらも、なんとか満室にするべく、不動産投資に関する書籍を100冊以上読み、ネットで見つけた不動産投資家向けの勉強会に参加し始めました。

次に、そのアパートに住みこみ、放置状態だった空き室のリフォームの手配をして、賃貸不動産会社に営業に行きました。

すると、順調に空室は埋まり、ガラガラだったそのアパートが、わずか3カ月で満室になったのです。

満室になると、毎月３００万円以上の家賃が入ってきました。

そのお金を貯めながら、物件を買い増して、ときには売却し、インカムゲインとキャピタルゲインを組み合わせることで、僕の資産は加速度的に拡大していきました。

特別なノウハウを使ったわけではありません。

山奥の仙人の元で苦しい修行に耐え抜いたわけでもありません。

僕がやったことは、書店に売られている不動産投資本に書いてあることを実践しただけです。

先に成功している不動産投資家たちをモデリングし、徹底的に行動に落とし込むことで、お金がどんどん増えたのです。

「すでにあるロジックを使いながら、利益を増やしていくことができるなんて！　不動産投資って、すごく効率的にお金を増やせるツールなんじゃないか？」

僕は興奮しました。

しかも、不動産投資は短期間で資産が何倍にもなるような爆跳はしない代わりに、家賃が一気に半額になるような暴落もしないので、売上や利益の見込みを自分で計算しながら、積み上げていくことができます。

紙の投資のように、今だけ良くても来年はわからないというリスクに怯えることはありません。

ほとんどの仕事を人にまかせられるので、自由な時間だって得られます。

以来、僕は不動産投資の面白さにのめりこみ、どうやったら最大の利益を得られるかを研究し、トライ&エラーを積み重ね、現在も資産を増やし続けています。

その結果、売上は6年で15倍になり、僕の生活は大きく変わりました。

冒頭に書いた「金持ちになりたい！」という願いが現実になったのです。

文化住宅を手に入れた後、サラリーマンの仕事は辞めました。

不動産投資には、人生をかけて取り組む面白さとやりがいがあると思ったからです。

転職して6ヵ月しかたっていなかったので、上司は驚いていましたが、そんなことは関係ありません（でも申し訳なかったです）。

僕が決めた人生の道を、誰も邪魔することはできないのです！

◆本業がうまくいっているときに挑戦する

最初に、日本でサラリーマンが億万長者を目指すことは難しいと書きましたが、唯一の例外が、不動産投資だと思います。

僕だけが特別な人間で、たまたまうまくいったわけではありません。

サラリーマンをしながらコツコツと不動産を買い進めて、億万長者になり、会社をセミリタイアして悠々自適に生きている仲間はたくさんいます。

ある友人は、東京でサラリーマンをしながら地方の一棟マンションを買い進め、セミリタイアしました。

今では毎月のように海外旅行に出かけて、会社員時代に楽しめなかった自由を満喫しています。

別の友人も、サラリーマン時代に不動産投資をはじめ、売却をうまく組み合わせながら資産を増やしました。

セミリタイア後の彼の趣味はスポーツカーとグルメです。仲間たちと語り合いながら、一流のシェフが最高の食材で作った料理を食べるのが、最高にしあわせだと話していました。

サラリーマンをしながら不動産投資を始めて、セミリタイアしたのちに、飲食店や不動産業など、好きなことで起業して、大金持ちになっている人もいます。

セミリタイアしても働くの？　と思う人もいるかもしれません。

でも、人に雇われて働くのと、自分が経営者になって、しかもやりたいことを仕事にするのとでは、気持ちがまったく違います。

その証拠に、彼らは今、とても生き生きとしています。


今、紹介した友人たちの共通点に、サラリーマンをしながら不動産を購入した、ということがあります。

ここは、不動産投資で成功するための一つのポイントです。

サラリーマンに限らず、自営業や専門職の人にもいえるのですが、本業が順調なとき（安定した収入があるとき）に、融資を使ってスタートすることが短期間で成功するためのコツなのです。

理由は、サラリーマンなどの安定した収入がある人は、金融機関の融資を活用して、不動産を買うことが可能だからです。

この、人に借りたお金で投資ができるというのも、不動産投資のメリットです。

家賃収入で1億円以上を得るには、少なくとも10億円以上の投資が必要です。

この資金を自分で用意できる人などいないでしょう。

それでも僕や、仲間たちがそれをわずか数年で達成して、経済的自由を得ることができたのは、金融機関からの融資をとことん活用して、手金を使わずに不動産を購入しているからです。

◆不動産投資でうまくいっていない人にこそ読んで欲しい

簡単に儲かるとはいいません。僕自身、最初の頃の行動量はかなり多かったと思いますし、今でも常に頭を使っています。

それに、現在の不動産市況は、物件の価格が上がり、以前のように確実に儲かるといえる物件が見つかりにくくなりました。

それでも、現在の日本で本気で億万長者を目指すなら、不動産投資に挑戦する価値はあると思います。

僕がこの本を書こうと思ったのは、本気で上を目指す不動産投資家の仲間が欲しいからです。

僕は今33歳ですが、自分のような若い投資家が、この世界にはほとんどいません。草食系男子がはやっているといいますが、その影響が、この世界にも現われているのでしょうか？　僕が、「100億円融資を引くまで、ガンガン買い進めたい」という話をしても、ついてきてくれる人は多くありません。

それ以前に、せっかく不動産投資を始めても、思うように稼げない人や、小さくまとまっている人も多いようです。

不動産投資というジャンルに目をつけた人、すでに始めている人は、何もしないでテレビを見てビールを飲んで会社のグチをいっている人の何倍も、大金持ちになれる可能性が高いのに、もったいないと思います。

儲からないだけならまだしも、知識の不足やマインドの弱さが原因で、大きな損をしそうな人も見かけます。

そういう人たちを見ると、「おいおい、何してるんだ。しっかりしろよ！」と思います。だって、不動産投資のノウハウはすでに出尽くしていて、困ったことがあっても本を読んだり、セミナーに行ったりすれば、たいていのことは解決できます。

僕だって、ほぼ独学でココまで来ました。

そういう意味で、この本は、これから不動産投資家を目指す人よりもむしろ、不動産投資を始めているけれど、思ったように儲からないという人に、読んで欲しいと思っています。

不動産投資で億万長者になることは、決して、夢物語ではありません。

不動産投資には、サラリーマンをしていたら絶対に手にできないような何億円というお金を数年で築けるチャンスがあります。

自分に刺激をくれる尊敬できる仲間と過ごす時間も、おもしろそうなことをやってみる時間もたっぷり作ることができます。

それも、60歳のおじいちゃんになってからではなく、今から数年後に実現可能なのです。

この一冊に、僕の考える「億万長者になるために大切なポイント」を詰め込みました。

この本の読者から一人でも多くの億万長者が生まれ、一緒に切磋琢磨できる日がくることを願っています。

最速で億を稼ぐ！

不動産投資［成功の原理原則］

家賃収入５億円を超えるギガ大家への
最短最速王道ステップ

CONTENTS

第1章 そんな物件を買っていたら儲かるはずがない！

第2章 強いマインドを持たなければ成功など不可能だ！

第3章 最速で億を稼ぎたかったら付き合う人を選びなさい！

第4章

成功の原理原則①【金融機関を味方につける】

第5章

成功の原理原則②「圧倒的に安く買う」

第6章
成功の原理原則③【キャッシュフローを増やす】

第7章

成功への実践法則【売却でスピーディに資産を拡大する】

第8章
成功への実践法則【エネルギーを集中させる仕組みをつくる】

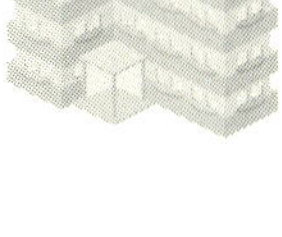

第9章 億万長者になる人はみんな大事にしている共通認識

カバー装幀▼EBranch 冨澤 崇
本文レイアウト▼Bird's Eyes

第1章

そんな物件を買っていたら儲かるはずがない！

＊＊＊

この章では、不動産投資というツールを使い、短期間で一気に億万長者までかけあげるための最も大切なポイントである「仕入れ」について、僕が普段考えていることをまとめています。

仕入れで最も大事なのは、相場よりも圧倒的に安く物件を買うことです。

安いといっても、誰も欲しくない売れ残り物件で値崩れしたものではなく、本来ならばそれ以上の価値があるのに、なんらかの事情で安く売り出されている隠れた優良物件のことを指します。

そういう物件を、資本金も経験も少ない普通の投資家が買うためには、どうしたらいいのか？　自分自身や、周りの人の話も踏まえながら紹介します。

はっきりいって、耳の痛いことも含まれていると思います。でも、本当のことなので思い切って書きました。

厳しい現実の中からチャンスをつかむ方法を知って、実践して欲しいと思います。

01

本当にいい物件はあなたのところに回ってこない

億万長者になりたいけれど、お金をどうやって増やしていいかわからないという人がいます。きっと、多くの人も同じ考えでしょう。

しかし、不動産投資という分野に限れば、僕にはこの方法がはっきりとわかります。「成功の原理原則」は決まっているからです。

簡単にいうと、相場より圧倒的に安く買って、激安でリフォームして即満室にし、充分に賃料収入を得た後に高く売ること。

それが成功のセオリーです。

詳しい内容は後で紹介しますが、この6年間、僕はそのセオリーに則ったアクションを繰り返し続けてきました。

基本的に、物件はいつかは売却することを前提に買っており、買ったときの2倍〜

4倍以上の価格で売れたことも何度もあります。

インカムゲインに限定せず、積極的にキャピタルゲインをとってきたことで、短期間で規模を拡大できました。


セオリーの中で最も大切なのは、とにかく相場より安く買うことです。

周辺の相場より少し賃料を下げてすぐに満室にできるのも、買ったときの数倍で売れるのも、安く買っているから。

つまり、成功の第一歩は、圧倒的に安く購入するところから始まっているのです。

しかし、今の時代、普通に売られている物件を買っても、決して儲かりません。

ましてや、本当に安い物件や、本当にいい物件は、1棟目や2棟目を探している初心者には、絶対に回ってきません。

業者は売ってなんぼですから、いい物件があれば、絶対に買える客で、即断即決できる客に情報を流します。

融資付けもこれから、現金もない、買う意思もブレブレという初心者を相手にしているヒマはないのです。

大金持ちでも上級者でもない自分のところにまわってくる情報は、売主、もしくは業者がたんまり利益を乗せた、買ってはいけない物件です。
まず、その事実を知ってください。

本業が儲かって仕方がないので、高くてもいいからとにかく不動産が持ちたいとか、キャッシュがあり余っているので、不動産に変えておきたいんですという人は、そういう物件を買うのもありだと思います。失敗しても痛手を負わないですから。

しかし、ほとんどの人は数百万円とか、一千万円とかの貴重な貯金を使って不動産投資を始めるはずです。

そして、そのお金はこれから、どんどんお金を増やすための雪だるまの核になる部分です。

その貴重なお金を減らすような物件を買うことは絶対に避けるべきです。

02

大きく成功している人は時流の波に乗っている

ではどうしたらいいかというと、一番確実なのは、時流の波が来るのを待つことだと思います。焦らず、波を見て、相場全体が下がったタイミングで買いに飛び込むのです。

リーマンショックの直後がその典型ですが、誰も融資が付かないようなときに値段が下がってきたところを狙うのです。

極端な話、戦後の焼け野原からやっている企業は、何もしなくても、今ものすごい資産を築けています。

本当に大きく稼いだ人は、小手先のテクニックなどではなく、この波に乗っています。そういうときに買えるように現金を貯めて、取引銀行数を増やし、与信をつくっておく。大きく儲けるにはそれしかありません。

僕自身、リーマンショックの市場が弱含みの時期にワッと買った人たちに、いまだに勝てずにいます。

当時はニューヨークメロン信託銀行などが受託している信託受益権などの不動産ファンドが手放したような物件が、市場で簡単に見つかりました。

都市部で築3年~10年、5億円ぐらいの一棟RCマンションが利回り13%や14%などで、普通に流通していたのです。

今その物件を売りに出せば、買値の倍以上で売却が可能です。

逆に、今のような上昇トレンドから買いに入っても、大きく利益をあげるのは困難です。

上昇トレンドで儲かるのは、不動産業者とコンサルタントと、上級の投資家だけ。

無理してここに突っ込んだ素人は、損をします。

ですから、本気で儲けようと思うなら、焦らずに時流を読みつつ、お金を貯めるのが王道ということになります。

本当の目的は、物件を買うことではなく、大きく稼ぐことのはずです。

不動産が高い期間は、別の副業でお金を稼いで、買い場が来たタイミングで不動産投資を始めるということも、ひとつの、そして価値のある選択だと思います。

03

業者にいわれるままに買って儲かるはずがない

とはいえ「そんなに待っていられない！」という人も多いでしょう。

そういう人は、誰も買わないような物件を狙うしかありません。

言い換えると、「今、多くの投資家が狙っている融資がつきやすい物件」を避けて、物件を選ぶのです。

ボロボロ、ガラガラ、田舎がキーワードです。


僕は、一般の市場に出ているものの他、任意売却や競売や公売などを使って、この手の物件を買い、再生することで利益を得ています。

その数は、２０１６年の前半だけでも10棟以上。どれも、他の人が手を出さないような物件です。

僕の物件は、ＲＣ一棟マンションが多く、金額も大きいですが、人によっては地元の木造築古の戸建てや規模が小さいアパートなどもターゲットになります。

不動産は相対取引ですから、自分しかほしい人がいなければ、指値がとおりやすくなります。

ですから、大多数の投資家には融資がつかない地元の物件など、ライバルの少ないところを狙えば、安く買える確率がアップします。

自分が買った時はガラガラで融資がつきにくかった物件でも、満室にして売却すれば、キャピタルゲインを狙うことはできます。

ひとつひとつの儲けは小さくても、転売を繰り返して、資金を増やしながらチャンスが来るのをじっと待つ……。

地道な作業になりますが、確実にそれができる人は、勝てる可能性がある人です。「逆張り」をできる人が、勝ち残れるともいえます。

04

銀行が融資してくれる物件だからリスクが低いと勘違いするな

逆に言うと、利益が残らない人たちは、その地道な努力ができない人たちです。

そういう人を見ていると、不動産投資を始める段階で、「不労所得で儲かります」「他の仕事と違って、業者にまる投げできるのが不動産投資のメリットです」というような本を読んで、参入した人が多いようです。

中には、物件を買う前にシミュレーションをしていない人さえいます。

「融資が付いたので、買いました」

「業者の人にもいい物件だといわれたので、買いました」

「早く契約しないと、ほかのほしい人にまわすといわれたので決めました」

はっきりいって、安易過ぎます。うまい話を鵜呑みにしすぎです。

「融資が付くということは、悪い物件じゃない」

「銀行だって危ない物件には貸さないだろうから、金融機関を使うことがリスクヘッジになる」

と思いこんでいる人がいますが、そんなのは勝手な思い込みです。

実際に、銀行がホイホイ貸してくれた物件で、キャッシュがまわらず、すでに破産する人が出始めているという話をききます。

その事実があまり表に出てこないのは、その物件を販売した業者が、サブリースをつけるなどして、派手にデフォルトすることを防いでいるからです。

なぜ、そんなことをするかというと、購入して1年もしないうちに返済ができなくなれば、その業者が金融機関から出入り禁止をくらうからです。

誤解しないでほしいのですが、業者がサブリースをつけるのは、決して、オーナーを守るためではありません。

その手の販売業者は、現オーナーが破産しないギリギリのレベルをキープしながら、次の買い手を探しています。

運よく、次の買い手が見つかれば、ラッキー。オーナーのダメージは最小限ですむでしょう。

しかし、銀行の融資姿勢が代わり、その物件に金融機関が融資をしなくなれば、もう出口はありません。そうなったら、本当に破産コースです。

決して、ありえない話ではありません。ですから、儲からない物件を買ってはいけないのです。

05 本は一番コスパが高いインプット

僕がこういう話をする一方で、市場にはつまらない物件を買う人がどんどん誕生しています。なんでそんな物件を買うのだろう？　と考えたのですが、みんな、頭を使いたくないのでは、という結論に達しました。

ほとんどの人に言えることですが、儲けに対する認識が甘すぎます。そして、儲からない人に共通していることに、圧倒的に知識が足りない、ということがあります。

不動産投資は、相場より圧倒的に安く買って、激安でリフォームをして満室にし、高利回りで運営した上で、最後に買ったときより高く売れば、確実に儲かります。

そして、これらの基本的なノウハウは、すべて本で学ぶことができます。

僕は不動産投資を始める前に、100冊以上の本を読みました。

特に、不動産投資が一般の人にも広まり出した2005年前後の書籍には、良いものが多くあります。

中村一晴さん、今田信広さん、浦田健さん、岡田のぶゆきさん、加藤ひろゆきさん、金森重樹さん、吉川栄一さんといった5～10年以上前から不動産投資をしている人たちの本は、本質をついた内容が多く、今読んでも学びがあります。

本は1500円程度の出費で、先人の貴重な経験やそこから得た学びを得ることができる最高にお得な商品です。

100冊買っても15万円ですし、中古ならもっと安く買えます。

これから億万長者を目指そうという人が、その程度の投資を惜しんではいけません。

それすらできないなら、不動産投資の世界に参入する資格はないと思います。

不動産投資の勉強というと、セミナーも選択肢のひとつですが、僕自身は、セミナーに出ることはほとんどありません。

特に最近は、所属している大家の会のセミナーを聞くくらいです。

中にはスクール形式で何十万円もするものもあるようですが、参加した人に内容をきいたら、書籍をしっかりと読めば、カバーできるようなものでした。

自分は本を読まない代わりに、セミナーで講師に質問して理解するからいいという人がいますが、あまりにも初歩的な質問は講師にも、その場にいる人にも迷惑になるのでやめて欲しいと思います。

06

現金と与信がある状態で買い場を迎えるまで持ちこたえよう

5年前なら、こんなに厳しいことは言いませんでした。

物件価格がダウントレンドのときは、初心者が買ってもうまくいく可能性があったからです。

僕自身、6年前に不動産投資を始めましたが、当時は築11年の鉄骨造の一棟マンションが、利回り16%で買えていました。築20年のRC造の一棟マンションでも、利回り16%で買えました。

競売や公売ではなく、一般市場に流通していたものです。

最近、不動産投資を始めた人にとっては、信じられない利回りだと思います。

しかし、当時はちょっとがんばればそのくらいの物件は見つかりましたし、リーマンショックの直後などは、さらに安く物件が買えていたのです。

歴史は繰り返すといいます。いつかはわかりませんが、こんな高利回り物件がゴロゴロと出回る時期が、いずれまたやってくるはずです。

そういう物件は、持って良し、売って良しで、その後の相場がどちらに転がっても儲けることができます。

そんな物件を購入できるタイミングを、現金と与信がある状態で迎えられれば、勝率は一気に高くなります。

そのときまで市場で生き延びるためにも、今、絶対に高値掴みをしてはいけません。

念のため補足すると、高い物件を買っても、将来、今よりもっと相場が上がり、融資の門も開いて、さらに高く売れるという可能性だって、ゼロではありません。

将来的に、RC物件の耐用年数が倍に延びて、築古RCが急に値上がりする可能性だってあります。それは誰にもわかりません。

しかし、僕はそんなわからないことのために、大事なお金を使おうとは思いません。

繰り返しますが、不動産投資は、相場より圧倒的に安く買って、激安でリフォームをして満室にし、高利回りで運営した上で、最後に買ったときより高く売れば、確実に儲かります。

僕はこれからも、これまでの経験の中で見つけた、「短期間で爆発的にお金を増やす不動産投資」を、迷わず実行していきます。

第2章

強いマインドを持たなければ成功など不可能だ！

＊　＊　＊

人間は、無意識のうちにリスクを恐れるため、新しいことを始めようとすると、本能が抵抗をします。

「大金持ちにならなくたって、今、困っていないんだからいいじゃないか」

「資産家でもない普通の自分に、そんなことできるはずがないだろう？」

弱気はふとした瞬間に襲ってきます。

そこに打ち勝ち、前に進むために必要なのは、強いマインドです。

クルマでいうところのエンジンです。

僕はスポーツカーを持っていますが（節税対策用です）、このエンジンの音というのはなんともいえないカッコよさがあります。

それは、停滞した空気を切り裂いて、前へ前へとそこに乗る人を連れて行ってくれる強い力を秘めているからだと思います。

自分の中に、強いエンジンを持ちましょう。でかいエンジンを積んでいる人間は、他の人をすいすい追い抜いて、さっさと夢にゴールすることができます。

07

テクニックがあっても
マインドが弱い人は成功しない

本を100冊読めば、不動産投資の基本的なノウハウを一通り学ぶことができる、と書きました。

僕自身、誰かに弟子入りしたり、オリジナルの成功法則を編み出したりしなくても、本を読んでここまで来ることができました。

しかし、世の中に不動産投資で億万長者になったという人がゴロゴロしているという話は聞きません。

それは、ノウハウだけあっても、それを実行できる人が多くないからです。

あるセミナー講師は、「セミナーを聞いた人の10人に1人も実行しない」と話していました。僕の実感としても、9割以上は行動力が圧倒的に足りないと思います。

例えば以前、ある金融機関で融資を受けている人に、「この銀行なら、この担当者のところに行って、金利をこのくらい下げてくださいといったら、絶対に下がるから行ってみたらいいですよ」と言ったことがあります。

しかし、その彼はなぜかそれをやりませんでした。

交渉するのはタダです。タダで、金利が下がって利益が増えるチャンスがあるのに、それを実行しないのは、なぜでしょう。

それはやはり、マインドの問題だと思います。

不動産投資のピラミッドがあるとすると、マインドは一番下の土台の部分にあたります。

その上に行動力があって、一番上にテクニカルな部分が来ます。

一番大切なのはマインドです。これがなければ、その上には何も積み上げられません。

僕が、「何よりもマインドが大事」と伝えても、

「わかりました。でも、それよりも、いい物件を探すテクニックを教えてください。融資が通りやすくなるテクニックを教えてください」

と多くの人が答えます。

でも、そういう人たちに、テクニックを教えても、実践しないのです。

そんな人たちが億万長者になるには、宝くじに当選する以外、無理だと思います。

ちなみに、僕自身のマインドの核となっている目標があります。

それは、最低でも１００億円は借りておきたいという目標です。

もっというと、１００億円借り入れて、20億円の現金をストックし、家賃売上が15億円という規模を目指しています。

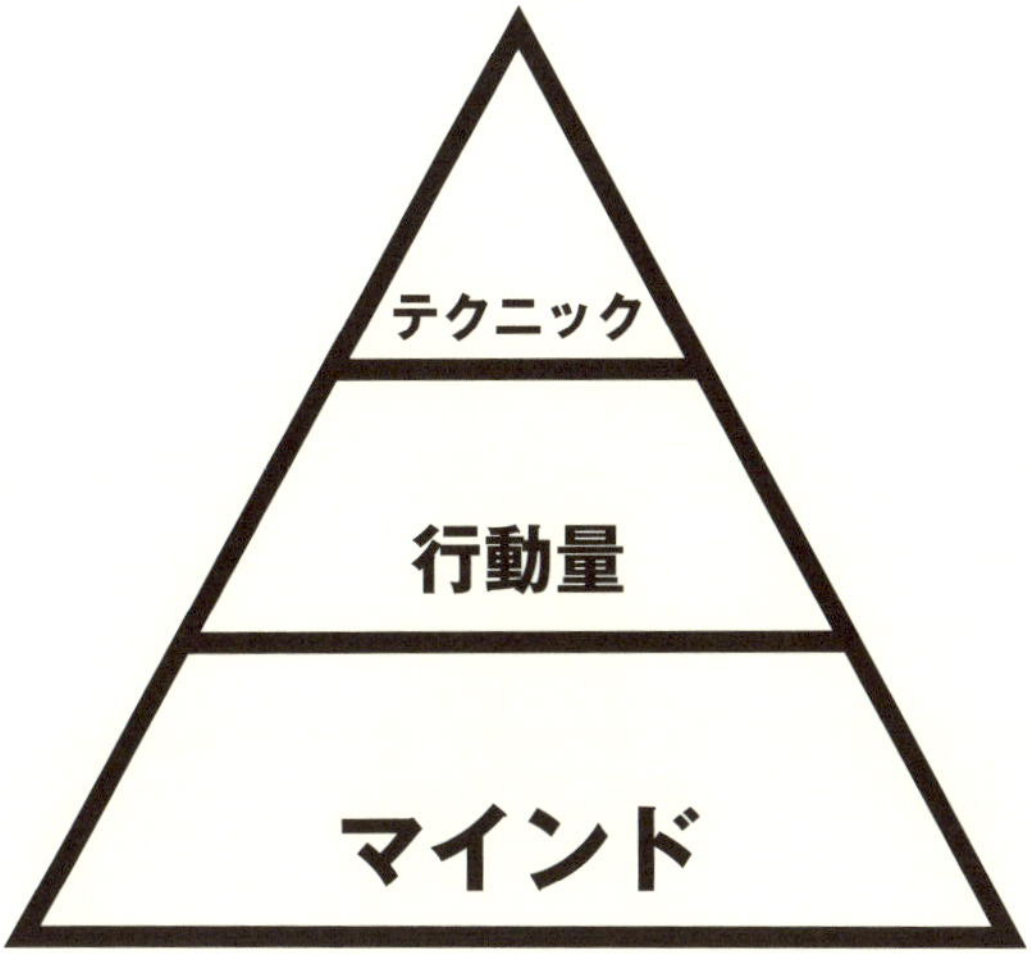

そこに迷いはありませんし、そのためには何でもすると決めています。

あとは、その目標を達成するために、Plan（計画）→Do（実行）→Check（評価）→Act（改善）のＰＤＣＡサイクルを回しながら、継続的に改善するだけです。

強いマインドがあるので、そのために行動することは何の苦にもなりません。

それに、最近は業務の大部分を仕組み化して、Doの部分は人に任せているので、多くの時間をとられることもないのです。

自分の自由時間を楽しみながら、その一

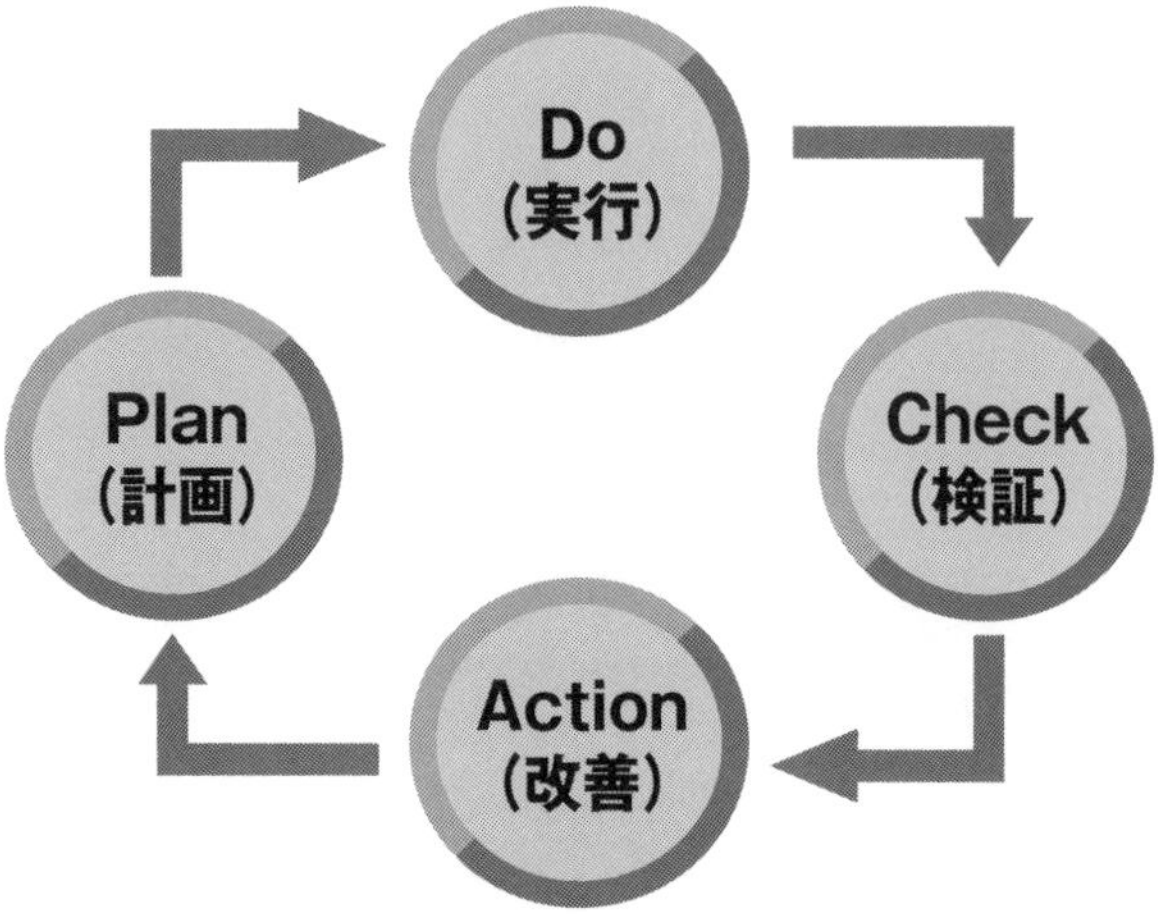

方では、資産を爆発的に増やすことができています。

マインドがしっかりしていれば、行動の部分やテクニカルの部分は、なんとでもなるものなのに、多くの人が、それを誤解しています。

何かにチャレンジしてもうまくいかないとき、見直すべきはテクニックではなく、その底にあるマインドなのです。

08

雪だるまの最初の核になるキャッシュを増やす

「お金がないから、不動産投資が始められない」という人がいます。それも、マインドの弱さからくる発想だと思います。

お金がないからこそ、なんとかして行動するべきなのに、そこをまったくわかっていません。

そんな人を見ると、「じゃあ、一生、今のレベルの生活水準で暮らせば？」と言いたくなります。

投資ではよく、最初に雪だるまの核となるお金を貯めれば、あとはそれを転がすことでお金の雪だるまが大きくなっていく、というようなたとえをします。

この雪だるまの核になるお金を貯める段階で挫折する人たちを見ると、貯金をするためには節約をして給料から貯めるしかないと考えているようです。

そして、「自分はもともと給料が少ないし、住宅ローンや子育てにお金がかかるから無理」と決め付けてしまうのです。

09 サラリーマン時代に副業でお金を貯めた方法

彼らは、世の中にはサラリーマンの仕事と不動産投資しか、お金を作る手段がないと思っているのでしょうか？

僕は大学生の頃や社会人のはじめの頃、ヤフオクで人気ブランドのアクセサリーなどを転売するなどして、給料分くらいは稼いでいました。

サラリーマン時代に、本業の合間をぬって、フランチャイズのたこやきの店を2店舗経営していたこともあります。

サラリーマン時代の僕の仕事は外回りの多い営業だったので、最初に30分だけ会社に行って、あとは自分の時間として使うことができました。

本業の手を抜いていたわけではありません。自分なりにとことん効率化していたので、労働時間は少しでしたが、きちんと成果は上げていました。一年目から、ベスト3に入る営業成績を上げていたくらいです。

そうやって、会社での評価を高めて、25歳で年収500万円くらいはもらっていました。その多くを貯金して、それを頭金に、区分所有マンションを2つとボロ戸建3戸、中古の一棟アパートも買いました。

最終的にはマイナスになってしまいましたが、FXや株もざっくりと勉強して、一通りはやりました。

ヤフオクもたこやき店も小規模な不動産投資も株もFXも、全部、サラリーマンをしながら始めたものです。

僕は自分が特別な人間だなんて思っていません。

基本的に面倒くさがりやで、本当は家で一日中、好きな音楽を聞いていたいタイプです。

ただ、「欲しいと思ったら必ず手に入れる」「やると決めたらやる」という思いが人より少し強いのと、負けず嫌いが重なって、結果的にサラリーマン時代から、あれこれとお金を増やす副業をしていました。

最初に、今の日本でサラリーマンが億万長者を目指すには、不動産投資しかないといいましたが、それは何億円、何十億円という巨富を得るための方法が他にない、という意味です。

数百万円のお金を稼ぐ方法なら、世の中に数え切れないほどあります。

「できない」なんて、やりたくない人の言い訳でしかありません。

10

固定給からフルコミッションに契約を変えてもらう

では、どうやって不動産投資のためのお金を作ればいいのでしょう。

多くのサラリーマンにとって現実的なのは、やはり副業で稼ぐことでしょう。

今は本屋に行けば、サラリーマン向きの副業を紹介した雑誌はいくらでも見つかります。

その中から、自分に合いそうなものをやってみれば、何もしないよりもずっと、お金が増える可能性は高まります。

営業が好きな人なら、1000万、2000万円を稼げるようなフルコミッションの仕事に切り替えて、自分のスキルを磨きながら、お金を貯めるという方法もあります。

フルコミッションの仕事は、「結果さえ出せばあとは自由」というスタイルを認めていることが多いため、フルコミで稼いで原資を貯めながら、あいた時間で不動産を見て回るということもできます。

すでにある程度の結果を出している営業マンなら、正社員雇用から委託社員に切り替えてもらい、売上に応じて報酬をもらう契約にするのもいいと思います。

雇う側にとっても、保険の負担が小さくなるなどのメリットがあるので、大企業では難しくても、中小企業ならば充分に可能性はあるでしょう。

そのとき、自分の法人を作り、一定以上の売上を上げておけば、その決算書を活用して不動産を買える可能性もあります。

今なら、Airbnb に挑戦してみるのもいいと思います。

専用の部屋を買ったり借りたりすることをハードルが高いと感じる人がいるかもしれませんが、お金がないなら、自宅の空いている1室を使ったっていいのです。

11

お金と時間を無駄にしない日々を送る

節約も大事です。僕自身、家賃やクルマや保険などの固定費を削り、生活費5万円以下で暮らしていたこともあります。

会社員時代は、家賃、水道高熱費、携帯代などの出費を最小限にするにはどうしたらいいかをよく考えていました。

住まいは家賃3万円台の1Kの狭いマンションを借りていましたし、会社まで片道10キロの道を、電車代を節約するために自転車で通っていました。

床屋代がもったいなくて、髪の毛も自分で切っていました。

当然、タクシーにも乗りませんし、外食は行っても立ち飲み居酒屋やB級グルメのような店ばかりです。

こんな感じで固定費を削り、その分を給料から天引きで貯金するようにしていたので、お金が自然と貯まっていきました。はっきり言って生活保護レベル以下の生活をしていたと思います。

当たり前ですが、ギャンブルをしようとは思いません。

ほぼ確実にお金を増やせる方法が世の中には存在しているのに、勝つか負けるかわからないものにお金を賭けるなんて、理解に苦しみます。

サラリーマンの仕事が忙しいから副業ができない、というのは理由になりません。

忙しいなら、時間を作る工夫をするべきですし、お金がないならどうやったらお金を増やせるかを考えるべきです。

それに、忙しくて、お金までないというのは、けっこうまずい状況だと思います。

忙しく働いているなら、お金は増えていなければおかしいですし、お金がないなら、せめて自由になる時間くらいなければ悲しすぎます。

昔に比べると、日本人は転職をするようになったと言いますが、それでも保守的なタイプの人にとっては、会社を変えるというのはなかなか勇気がいることです。

でも、お金もない、時間もない、という状況が続いているなら、そこから抜け出すために、転職を本気で考えるのもアリだと思います。

転職をすることで、お金か時間の片方だけでも増やすことができれば、この先、とれる選択肢が大きく広がるからです。

人生が思い通りにならないといつもグチを言っている人たちはたいてい、何か人に言われても、「でも」「だって」と言って受け入れようとしません。

その言葉で、新しいことを始めることを拒絶するのです。

バレるとまずいからとか、家族が反対するからとか、リスクが大きすぎるとか、やらない理由を挙げることは簡単です。

でも、そんなことを言っていたら、人生はずっと変わりません。

億万長者を目指すなら、それにふさわしい大きなマインドを持ちましょう。

雪だるまを作る時は最初が一番大変です。逆にいうと、最初の核ができてしまえば、あとは仕組み化をすることができるので、どんどん楽になっていきます。

「でも」「だって」を捨てて、決断することです。

12

強いマインドがあれば負の感情に負けることはない

最初に書いたように、僕が本格的に不動産投資を始めたのは、ボロボロの80戸の文化住宅を引き継いだことがきっかけでした。

僕は、その物件を早期に再生するために、空室に寝袋を持ち込み、数カ月間、現地に住んでいました。朝早くからペットの鳴き声があちこちで聞こえてきて、トイレは汲み取り式で、夜になるとゴキブリがざわざわと歩き回り、入居者はお年寄りばかりという物件です。

当時の僕の日課は、各室をチェックし、修繕の手配をして、初期費用と賃料を決まる設定に引き直し、広告料を相場より少し上回るくらいにした後で、ひたすら不動産屋さんを回って営業することでした。

お年寄りばかりの物件だったので、人が亡くなってそのままになっていた部屋もいくつもありました。

職人さんと一緒にその部屋でリフォームをしたこともあります（僕は指示を出すだけですが）。

当時、27歳だった僕は、「なんで、そんなことができるの?」とよく言われました。答えは、「もうやると決めたから」。それだけです。

僕はこの物件のオーナーになった時、「不動産投資家として成功して、億万長者になる。そのためにはなんでもする」と覚悟を決めました。

だから、迷いはありませんでした。

お年寄りばかりのガラガラ物件でしたが、いいところを見れば、木造・築古なので固都税も経費も安くすみます。入居者も亡くなるまで住まわれる方が多いので、最初に埋めてしまえば、客付けの苦労もありません。

何よりもいいのは、サラリーマンの仕事と違って、自分のやり方次第で儲けを増やしていけることです。

もともと、僕はサラリーマンには向いていないタイプでした。

偉そうに指示されるのが嫌いでしたし、一人でいることが好きで、その会社の社員としてあれこれと縛られるのが嫌でした。チームプレーが苦手で、気配りも下手でした。

お金持ちになりたいなら、当時、手元にあったお金を元に、別のビジネスで起業するという手もあったのかもしれません。

でも、僕はこのときまでに、不動産投資の本をかなり多く読んでおり、不動産投資の魅力にすでに気づいていました。特に、『金持ち父さん　貧乏父さん』を読んだときは、雷に打たれたような衝撃を受けました。

「不動産投資で億万長者になる」と一度決めたからには、もうその気持ちをなかったことにはできません。もう、前に進むしかなかったのです。

13

「あの人だからできた」と考える人に成功はありえない

最終的にこの文化住宅は、満室で毎月家賃300万円を生む優良物件になりました。

この物件をボロボロガラガラの状態から満室へ再生することができたため、僕は、「ここをステップにして、どんどん資産を増やす」と決意し、実際に売上を6年で15

倍に増やしました。

僕はガンガン物件を増やしたいということを周りにも宣言していましたし、自分自身でも、常に目標として意識していました。

そういう意味で、目標を人に伝えるとか、自分でも目に見えるところに書いておくというのは最初のうちはいい方法だと思います。

規模を追うことには、色々な意見があると思います。

でも、僕はせっかくなら、どこまでできるのか、自分の力を試してみたいと考えています。

アスリートが1秒でも速く走りたいように、登山家が1ｍでも高い山に登りたいように、僕は不動産投資家として規模を拡大し、先に広がる景色を見てみたい。

この強いマインドがあったから、「面倒くさい」「楽をしたい」「今のままでも充分じゃないか」といった感情に負けずに、やるべきことを実行して、結果につなげられたのだと思います。

僕がこの話をすると必ず、「安い物件が多い大阪だからできた」とか、「行動力のある木下さんだから成功したんだ」と言う人がいます。

でも、「木下さんだから、できた」と言ってしまったら、その人はそこで思考停止してしまいます。

みんな、スタート地点が違うのは当たり前です。それぞれが、自分の置かれた場所からがんばることが大事なのに、人のことをあれこれ言ったところで、どうなるの？と僕は思います。

アマゾンのブックレビューを見ても、

「この人にしかできないから参考にならない」

「この場所でしかできないから役に立たない」

といったコメントをつけている人がいますが、こういう考え方をしていたら、絶対に成功できないのに……と思ってしまいます。

成功者は、自分にないものを数えるのではなく、すでに持っているものを探して、それをどう生かせるか考えるものです。

自分は普通のサラリーマンで何も持っていない、という人がいますが、サラリーマンなら、その属性が金融機関にアピールするための武器になるでしょう。

奥さんも働いている人なら、収入を合算することができるかもしれません。

実家のローンが終わっているならそれを共同担保に入れるとか、親戚に資金に余裕がある人がいれば、少し援助をしてもらうという方法もあります。

ゼロに何をかけてもゼロですが、自分に何か資産になるものがあれば、そこに行動を組み合わせることで、増やしていくことができます。

できるか、できないか、に焦点をあててはいけません。

問題は、「やるか、やらないか」です。そして、「やる」と決めたら、やりぬくしかありません。

失敗は、たぶんします。

でも、誰だって同じです。

失敗したら、すぐに修正する。それを繰り返す中で実力は磨かれるのです。

何もしない人より、失敗しながら試行錯誤している人の方がずっと、億万長者に近づいているということです。

14

自分で思うより少し高い目標を掲げる

僕は100億円の借り入れを目指していますが、その金額は人それぞれ違っていいいと思います。

「オレは100億を目指すから、お前も目指せよ」

とは思いません。

自分の心地よいコンフォートゾーンを目指すのがいいのではないでしょうか。

ただ、ここで注意したいのが、意外と多くの人が、自分のコンフォートゾーンがどのくらいなのかをわかっていないということです。

具体的に言うと、多くの人が必要以上にチキンになってしまい、本当はそこを超えたら、もっとテンションが上がって楽しい世界が待っているのに、

「この辺でやめておこう」

と考えてしまうのです。

この部分を越えていける人と、超えていけない人とでは、結果に大きな差が出ます。僕自身の経験からいうと、レベルを上げれば上げるほどビジネスは簡単になりますし、より良い物件を買えるチャンスも増えます。

ドラクエと一緒です。レベル10よりもレベル50のほうが、簡単に敵を倒せるということです。

ですから、目標を立てるときは、自分で「このくらいでいい」と思っているレベルより、少し上を目指してみるといいと思います。

目指している場所に到達しても、満足しないことも大事です。目標を追うことを止めると、成長も止まり、新しいアイディアなどが浮かびにくくなるからです。

金額や物件の規模に限ったことではないのですが、常に今の自分にとってやや無理目の目標を立てて、そこに向かって進んでいくと、面白いことがたくさん起こるような気がします。

規模の話になったので僕の知り合いのAさんの話を紹介します。

Aさんは大阪の勉強会の仲間で、50万円しか自己資金がない状態で始めて、5年で80室まで増やしました。

80室あれば一部屋4万円として、家賃月収は320万円、年間でなんと4000万円に迫る家賃収入が入るのです。

キャッシュフローが半分だとしても、最初に50万円から始めた人としては、ものすごい成果だと思います。

このAさんは、ボロッボロの物件をDIYを使った激安リフォームで直し、2倍以上の価格で売却するというやり方でお金を増やしました。

ひとつひとつの金額は小さいので、かなりの数を売買したのでしょう。

ここまでくれば、頭金を貯めて、大きな物件に挑戦することができますし、金融機関にも、鋭い経営手腕を持つオーナーとして、融資を認めてもらえるでしょう。

Aさんのように、スタート時には本当に小資本・小規模で始めたとしても、強いマインドを持ち、行動を続けていれば、人生を動かせるということです。

15

メンタルブロックの外し方

ここまで説明しても、「でも、本当に自分にそんな物件買えるだろうか？」「買えたとしても、そんなリスキーな物件を自分が運営できるだろうか」と思ってしまう人がいます。

そういう人は、無意識のうちにメンタルブロックがかかってしまっているのかもしれません。

特に、子供の頃に親から「あんたにそんなことはできるはずがない」と言われて育ったような人や、チャレンジする経験が少なかった人は、自分でブレーキをかけてしまう人が多いようです。

実は、今では借りられるだけ借りてやれと思っている僕ですが、最初の頃は融資に抵抗がありました。

それは現金主義の身内が多く、「借金は敵だ」とよく話していたからだと思います。

でも、本をたくさん読み、不動産投資のロジックを理解したら、考えは変わりました。今思えば、以前の借金への恐怖は無知からきていたのだと思います。

僕がそうだったように、身近な人の言葉に行動を制限されている人は、正しい知識と新しい情報を得ることで、考えを変えていけます。

何事もそうですが、腹を決めるまでは、迷いやブレが出るものです。

逆に、一度覚悟を決めれば、どんなことがあっても動じなくなり、そこまでいくと結果にたどりつくまでのスピードが加速します。

そして、桁違いに稼いでいる人たちは、間違いなく覚悟が決まっています。進む時も、やめるときも、スパッと決断します。

メンタルブロックを外すには、量をこなすことで自信をつけていくしかありません。

まずは、とにかくたくさんの物件情報に触れることです。そして、すべての不動産案件に関して、「自分なら、この価格で買い付けを入れる」というふうに、自分なりの値決めをする癖をつけます。

また、身の回りで物件を買っている人の話もたくさん聞くようにします。

それを繰り返すと相場観が磨かれて、そのうち、「これは買いだ」という物件が出てくるはずです。

たくさんの情報や実際に買っている人に触れる中でメンタルブロックが外れれば、この段階で物件を買うことができます。

それでも前に進めないときは、最悪の状況を想定して、クリアできそうかを考えます。同時に、売却しても損をしない値段かを調べます。

最悪の状況を想定してもクリアできそうで、すぐに売却しても損をしない値段であるとわかったら、「買ってもいい理由」を自分の心に思い浮かべながら、買いつけを入れます。

パッと物件を紹介されても買う勇気がないという人も、こうやって時間をかけて手順を踏むことで、怖さが薄れます

そして、一度買ってしまえば次は楽になるのです。

それでも、最初のうちはどうしても緊張もしますし、迷いも出ます。

しかし、それは誰だって同じなのです。みんな、大切なお金を失いたくありませんし、おかしな物件を買って、面倒なトラブルに巻き込まれたくありません。

僕だってそうでした。でも、100%安全な投資などありません。安い物件ならな

おさらです。

ですから、その点については、数をこなしていくしかありません。

ドキドキしながらも、物件を多く見て、自分なりの価格を決めて、買いつけを入れるということを繰り返していくと、経験値が上がり、「この物件はいける」という感触がわかってきます。

そして、次第に即断即決できるようになるのです。

ドラクエでも、苦労して一度倒した敵は、次に倒すのが簡単になるのと同じです。

それでも胃が痛いという人は、何でも気軽に相談できる投資家仲間に意見をきくというのもいいと思います。

信頼できる投資家仲間は、失敗を防ぐための防波堤になります。

自分の目標を理解して、応援してくれる投資家仲間が10人いれば、理想的です。

しかし、どんなに良い仲間がいたとしても、最後に自分で決断するということに、変わりはありません。

第3章

最速で億を稼ぎたかったら付き合う人を選びなさい！

＊＊＊

この章では、人付き合いについて説明します。

前の章で、マインドがすべての基本であるといいました。

そして、マインドを変えるために一番効果的なのは、付き合う人を変えることです。

人間は似たものどうしが集まるので、意識しないでいると、同じ会社の仲間など、自分と似たようなステージにいる人と過ごす時間が多くなります。

しかし、サラリーマンは特にそうなのですが、同じ環境の仲間と一緒にいると、ついグチが多くなるものです。言うまでもなく、そんな時間からは何も生まれません。

そして、恐ろしいことに、そういう人たちと一緒にいると、自分も影響を受けて、ヒツジの群れのような、流されて生きるのが居心地のいい人間になってしまうのです。

金持ちになると決めたら、金持ちと付き合いましょう！

金持ちじゃなくても、尊敬できる人と過ごす時間を増やしましょう。

僕自身、数年前と今とでは、付き合う人の種類が大きく変わりました。

ステージを上げるためには、付き合う周りの人のステージも上げるべきなのです。

16

誰かとつるむより、自分のために時間を使う

僕は苦手な人、一緒にいると気分が落ちる人とは、会いません。

会わないという選択肢を選べない場合は、できるだけかかわらないようにします。

サラリーマンをやめて良かったことの一つに、一緒にいる人を自分で選べるということがあります。

自分でビジネスをしていると、好きな人、会いたい人とだけ会う、ということができます。それだけでも、僕にとってはとても嬉しい変化でした。

世の中には、ムカつく奴がたくさんいます。

でも、他人を変えることはできません。

「なんで、この人はこうなんだろう」「その態度はなんだよ」と腹を立てても、相手は変わりません。

だったら、自分がマイナスの影響を受けないよう、距離を置く方がいいのです。

そして、ストレスのない場所で自分のやるべきことに時間を使った方が、いい気分で一日を送れます。

僕は学生時代から、本当に気の合う人としか余計なことを話さないことを心がけてきました。

古い話になりますが、中学受験をしたときに受かったのが、四国にある中高一貫の学校だけだったので、僕は中学一年で親元を離れ、寮に入りました。

寮生というのは、一緒に過ごす時間が長いこともあり、なんとなく全員と仲良くならなければいけないという雰囲気があります。

でも、僕は当時から、本当に気の合う人以外と話をしても楽しくないと感じていたので、半分くらいの寮生とは口をきかないまま、学校を卒業しました。

無理をして仲良くして、影でコソコソと悪口を言うより、その方がよっぽど健全だと思います。

これは大人になっても同じで、サラリーマン時代も、会社の仲間と意味もなく飲みにいくようなことはしませんでした。

それよりも、自分のやりたいことに時間を使い、自分を刺激してくれる人と過ごす方がいいと考えていたからです。

協調性やコミュニケーション能力は生きていく上でも仕事をする上でもとても大切だと思います。

でも、学校や会社という狭い世界に閉ざされていると、今日と明日がまったく同じような人生を送る可能性が高くなります。

よく、自分の周りにいる5人の「平均年収」が、自分の「将来の年収」だ、といいますが、これは本当だと思います。

ですから、億万長者を目指すなら、億万長者と接触する機会を増やすべきですし、少なくとも、自分より年収の多い人と会う時間を増やすべきです。

人は一緒に過ごす時間の長い人から、イヤでも影響を受けるので、収入面だけでなく、健康であるか、人間関係がうまくいっているか、時間の使い方は効率的か、そんなところも気にするべきです。

年収で人を選べ、という話をしているのではありません。

僕が言いたいのは、自分を成長させるためには、尊敬できる人、刺激を与えてくれる人と過ごすことが大事だ、ということです。

今と同じステージにとどまるつもりなら、今と同じ仲間と一緒にいればいいと思います。

でも、今いる場所からステップアップしたいと考えるなら、まず、付き合う人を変えることをおすすめします。

17 尊敬できる人と出会える場所に出かけよう

付き合う人を変えようと決意すると、自分に刺激をくれる人がどこにいるかという問題に突き当たります。

僕は不動産投資を始めた時、同世代で不動産投資をしている知り合いがいませんでした。

ですから、ネットで地元の大阪にある不動産投資家の勉強会にアクセスして、積極的に参加させてもらっていました。

面白い不動産投資ブログを書いている人にメッセージを送って、友達になってもらったこともあります。

うまくいっている人と付き合っていると、情報も入ってきます。

普通に会話をしているだけでも、知らないことを学べたり、わからないことを理解できたり、勉強になることが多くありました。

中には、僕よりもずっと稼いでいる人、効率的なやり方をしている人もたくさんいました。

僕はその人たちのやっていることを、マネさせてもらうこともよくありました。マネをすることは、最短で成功に近づくために、とても有効です。

豆知識的な話になりますが、マネという言葉の語源は、「マナブ（学ぶ）」から来ているそうです。つまり、マネをすることは、その人から学ぶことに他ならないのです。

僕は本の内容も、良いと思えばすぐに実行しますが、それ以上に、身近な人でうまくいっている人のやり方をマネします。

6年で売上を15倍にしたとか、33歳で家賃年収6億円なんていうと、すごいやり方を生み出したのでは？　と思われがちですが、僕は本に書いてあることと、尊敬できる人たちが実践していることをマネしただけです。

そして現在は、大阪の勉強会に限定せず、日本中あちこちに出かけています。それも、尊敬する先輩たちから学ばせてもらうためです。

ブログやＦＢを見ていると、「この人はすごい」「こんな風になりたい」という人がときどき見つかります。

そういう人と会える場所には出かけるべきです。飛行機代やホテル代がかかっても、自分が成長できるなら、安いものだと思います。

18
偽者の成功者には要注意

ときどき、ブログやＦＢでは羽振りのいいことを書いているのに、本当は全然稼げていない偽者の成功者がいます。

「すごい人がいるから、紹介するよ」と言われて会ってみると、会話がかみあわず、かなりしょぼかったということもありました。

僕は特にメンターとしている人はいませんが、読者の方の中には、「尊敬できる投資家にメンターになってもらおう」と考えている人もいるでしょう。

それも悪くないと思いますが、メンターを選ぶときは、その人が本当に成功しているのかを調べることをおすすめします。

決算書、預金残高、取引先の評判など、できる範囲で調べてデューデリジェンスしてください。

有名な不動産投資コンサルタントでも、実際には不動産投資で稼げていない人が多くいます。

彼らは家賃収入ではなく、メルマガやブログなどで相談者を集め、月額のコンサルティング料や、物件を紹介して業者からバックマージンをもらうという方法で生計を立てています。

タチが悪いのは、相談者にはまるで、自分が不動産投資家の味方のような顔をして接していることです。しかし、本当は業者側の人間なので、平気な顔をして全く儲からないような物件を紹介します。

以前、業界では有名なコンサルタントと呼ばれる人に、「どのくらい物件を持っているんですか?」と訊いたことがあります。

すると、「いやいや、物件はそんなに持っていないんだよ……」と言って、どこかに行ってしまいました。

あとで聞いたら、１００室も持っていませんでした。しかも、特にいい物件でもないのです。僕は正直、こんなものを買っている人が、人に不動産投資を教えられるのかなと思ってしまいました。

はっきりいって、騙されるほうも悪いと思います。本を１００冊以上読んでから相談に行けば、そのコンサルタントの知識や言っていることが本物かどうかがわかるはずです。

知識がないから、相手の言っていることが正しいかどうか、わからないのです。

勉強しない投資家は、カモになる運命が待ち受けています。

こんな初っ端からワナにかかってはいけません。大金持ちになるためには、他にやるべきことがたくさんあるのです。

19

時には「縁を切る」という選択も必要

僕がこの本を出そうと思った理由のひとつに、この手のコンサルタントから儲からない物件を買って苦労している人があまりにも多いということがありました。

億万長者を目指すなら、付き合う人を選ぶことが大事ですし、そのためには、人を見る目を持つことも大事です。

そこでポイントになるのは、相手がどんな仕事で収入を得ているのか、その収益源を確認することです。

所有するアパートは数棟（もしくは公表していない）で、キャッシュフローなんて少ししかないはずなのに、やけに羽振りがいいのは、なぜ?

大家と名乗ってはいるものの、メインの収入源はメルマガの広告収入かもしれません。セミナーの講師料かもしれません。

業者紹介や物件紹介のあるコンサルタントなら、相談者に物件を買ってもらい、業者からバックマージンを受け取ることで、稼いでいるのかもしれません。

こういうコンサルタントの中には、「自分の紹介した業者から買ってください」とか、「他の相談者さんにはこのことを話さないでください」とか、勝手なルールを決めて押し付ける人がいますが、なぜこんなことを言うのか、疑問に思うアタマを持たなければいけません。

人付き合いでは、時には「縁を切る」という選択も必要です。

人、物、お金、事業、すべて同じですが、うまく損切りできる人は、成功する確率が高いといえます。

「この人は本物ではない」「学ぶところがない」と思ったら、距離を置くということも考えましょう。

高額なコンサルタント料がムダになったとしても、儲からない物件を買って大損をするよりもマシです。

20

自分に集中！人の批判批評は時間の無駄

不動産投資家の集まりにいくと、

「会社の人に不動産投資をしていることは黙っている」

という人がほとんどです。

これは、会社の人に稼いでいることがバレると、嫉妬を買って、上司に言いつけられるなど、マイナスの影響が出ることが予想されるからです。

会社に限らず、少し目立ったことをやると、批判する人が必ず現われます。

特に、お金に関する話題は嫉妬を呼びやすいので、悪口を言われることも増えるでしょう。

ときどき、

「あの人にこんなことを言われた」

「自分を侮辱したアイツが許せない」

と言って、イライラしている人を見ますが、そんなヤツのために、感情を乱されるなんて、もったいないと思います。

僕は何を言われても気にしません。

「ああ、そういうことを言うのが好きな人って、どこにでもいるよね」

くらいに受け止めています。


僕のまわりでも、大きく稼いでいる人は、小さいことを気にしません。

僕は自分が稼ぐことに対して、誰にも文句は言わせません。

欲しい物件があればなんとしても取りにいきます。それを、他人にどうこう言われる筋合いはないと思っています。

そんな僕を見て、「大家界のジャイアン」と呼ぶ人もいますが、ぴったりのニックネームをつけてもらったと思って、喜んでいます。

ジャイアンのメンタルの強さは、半端ではありません。僕もその名に恥じないように、わが道を突き進もうと思っています（笑）。

21

ウワサ話や悪口が好きな人とは距離を置く

悪口を言われても気にしないと言いましたが、逆に、僕自身、他人のことをブツブツと批判しようとも思いません。時間の無駄だからです。

先ほど、悪質なコンサルタントのことを書きましたが、ビジネスの手法として問題があるという意味であり、特定の個人のことを影でコソコソと言うつもりはありません。

目標があるのですから、メンタルを強く持ち、自分自身のやるべきことに集中するべきです。

人の悪口やウワサ話は時間の無駄。そう決めてしまうと、生産性のある会話ができるようになりますし、悪口ばかり言っている人とは自然と縁が切れます。

昔から、成功者というのは、孤独なものです。

少なくとも、自分の目指す場所に到達するまでは、価値観の違う人たちと必要以上に群れることや、つるむことをやめた方がいいと思います。

①批判する
②出来ない理由ばかり並べる
③とりあえずやってみるという発想がない
④駄目だと最初から決めつけている
⑤デメリットばかり気にする
⑦謙虚さ、素直さがない
⑧プライドが高い

こういう人は、一緒にいても自分の成長にはつながりません。

僕も人のことをあれこれ言える立場ではありませんが、今、そういう人間関係の中にいるのなら、自分がいかに悪い影響を受けているかを自覚し、人間関係を見直すべきです。

そして、自分の中に直した方がいい性質があるなら、今日から改善した方がいいと思います。僕も努力します（笑）。

22

選ばれる人間になるためにできること

ここまで、自分が人を選ぶことばかり書きましたが、自分も当然、相手から選ばれています。

「この人から学びたい」「マネをさせて欲しい」と思っても、自分が相手から見て面白くない人間なら、親しくなることはできません。

相手に「また会いたい」と思ってもらうには、教えてもらったらきちんとお礼をして、恩返しできることがあれば喜んでするなど、受け取るばかりにならないことが大切です。

相手が有料で相談にのることもある人なら、自分もお金を払うべきです。

また、自分自身の知識を増やすこと、ステージを高めることも重要です。

教えてもらってばかりだった相手に、自分から提供できる情報が増えると、お互いに相手を喜ばせることができるという、人付きあいの好循環に入ります。

自分には教えられることがないという人は、美味しい店を教えるとか、集まりのときに幹事を買って出るとか、そういうことでもいいのです。

23 一つ上のライフスタイルをマネしてみる

また、清潔感のある服装や時間を守るなど、当たり前のことを当たり前にすることも、大切といえます。

僕はここ最近、プロのファッションコンサルタントの方に洋服を選んでもらっています。

男性は多くの人がそうだと思いますが、服装にはさほど興味がないので、気を抜くと平気でダサい服装で出かけることになります。

オシャレな人が多い集まりに、ダサい格好で行けば、その場の雰囲気を壊すことになります。

「この服、変じゃないかな?」と心配をするのもいらないストレスです。

「人は見かけが9割」という本が数年前にヒットしましたが、あながちウソともいえません。

ファッションコンサルタントの方は、一回数万円で、ワンシーズン分の服を選んでくれるのですが、予算を伝えておけば、範囲内できちんとカッコいいコーディネートが完成します。

また、自分自身のステージを上げるという意味では、行く場所、過ごす環境を変えることも効果的です。

これまで安い居酒屋ばかり行っていたなら、たまには高級なレストランに行って、お金持ちたちが普段、食べているような料理を味わうのもいいと思います。

騒がしい学生達に囲まれてマクドナルドで読書をするよりも、コーヒー代は高くても、天井が高くて清潔感に溢れたホテルに行った方がずっと気分よく、本が読めます。

場所は人を選びます。ですから、いつも行かない店に行くのは緊張するものですが、通っているうちにその場所にふさわしい人間になっていくものです。

あの人はカッコいいなあと思う人がいるなら、その人が通っている店で食事をしたり、その人が好きなブランドの服を買ってみたり、どんどんマネをすればいいと思います。

24 お金持ちのマネをするうちにお金の器が大きくなる

僕の両親は固い仕事で、どちらかという地味な生活をしていました。ですから、僕は贅沢な子供時代を送ったわけではありません。

だからこそ、お金持ちに強い憧れを持ったともいえます。

僕は、不動産投資で億万長者を目指すと決めてから、自分自身をそれにふさわしい人間になるよう、バージョンアップさせることに努めました。

先に書いた服装のこともそうですし、住む場所や事務所も富裕層が好むような場所に移しました。

もともと、無駄遣いはしないタイプでしたし、ゴージャスな感じが好きだったわけでもないので、高級な場所に行ったり、オシャレな格好をしたりすることに、最初のうちは抵抗というか、恥ずかしさがあったことも否定できません。

しかし、億万長者を目指すなら、自分の器を広げて、大きなお金を使うことや、お金持ちが好むスタイルを取り入れることに、慣れることが大切だと思い、実行してきました。

すると、何事も慣れるものです。今では、なんの違和感もなく、富裕層と同じような行動をできるようになりました。そして実際に、収入も増えています。

最初はマネでもいいのです。実行するうちに、だんだんと自分になじんできて、なりたい自分に近づいていけるように思います。

第4章

成功の原理原則①
[金融機関を味方につける]

＊　＊　＊

不動産投資で成功するための原理原則は、決まっています。

「その法則を知っているか、知っているならやるかやらないか」

成否を決めるのはそこだけです。

その成功法則とは、次のようなものです。
①人のお金を使って買う
②できるだけ安く買う
③キャッシュフローを増やす
④高く売ってキャピタルゲインを得る
⑤売却益を現金資産として使わず、銀行の見せ金にして次の物件購入に使う
⑥与信を増やし、お金を借りて、さらに大きな資産を買う
⑦ＣＦを生む資産リッチと現金リッチを往復しながらキャッシュを倍増させる
4章、5章、6章の中で、これらについて解説していきます。

25

融資をしてくれる金融機関を先に固める

不動産投資で成功するための原理原則のひとつが、「人のお金を使って買う」ことです。

元手は大きい方が大きな利益を生みやすくなりますが、その元手を自分で全部作っていたら、時間がいくらあっても足りません。

人のお金で物件を買うとは、金融機関から融資を受けるという意味です。

僕の周りには、ネットビジネスをやっている知り合いが多くいます。

成功すれば、不動産投資以上に短期間で大きく稼げるビジネスです。

でも、僕はそれを仕事にしようとは思いませんでした。

興味がないというか、不動産の方が好きというのが大きな理由なのですが、それ以外にも無視できない理由があります。

それは、融資を使えないということです。

それくらい、人のお金でビジネスを始められるというメリットは、大きいものだと思います。

知識があり、現金があり、融資がつく客になれば、ステージをひとつ上がれます。

ただし、初心者が受身でいても、向こうから「借りてください」と営業に来ることはありません。

ですから、最初のうちは仕事の合間をぬって、金融機関の開拓に回ることになります。そして、自分はいくらくらい貸してもらえるかを、ある程度知っておくようにします。

金融機関を回るときは、電話でアポをとり、物件の資料を持っていきます。

紹介はあるにこしたことはありません。

同じ金融機関でも、不動産投資への融資に積極的な支店とそうでない支店がありますし、やりたい担当者とやりたくない担当者がいます。

ですから、紹介で最初から「積極的な支店のやりたい担当者」をあたることで、借りられる可能性は高くなります。

紹介してくれる人がいなくても、一度は行ってみることです。

「どうせ無理だろう」と根拠のない勝手な理由をつけて、チャンスを潰してはいけません。

金融機関に行くときの注意点として、本気で欲しい物件でなくてもいいので、実際に検討してもらえる資料を持っていくということがあります。

具体的な資料があると、それに対してどう答えるかで、相手の融資姿勢をチェックすることができるからです。

金融機関に行くのが怖いという人は、徹底的に知識武装をしてみることをおすすめします。

相手も忙しいので、無知な投資家予備軍の話は聞いてくれませんが、100冊本を読んで知識をつけてから向かえば、見込みのある投資家として時間を作ってくれるでしょう。

不安とか怖いという気持ちは、「質問されても答えられなかったらどうしよう」「知識がないことがバレて軽蔑されるかもしれない」といった自分の中の負い目が原因であることがほとんどです。

誰でも、自分の得意な分野では饒舌になるものですが、それは自信があるからです。

不動産投資の知識にある程度の自信が持てるようになれば、その前よりずっと金融機関を訪問するときの気持ちが軽くなります。

26

半年に1回はローラー作戦で取引先を開拓

僕は今、14から15行の金融機関と取引があります。メガ銀行、地銀、第二地銀、信金、信組、ノンバンク、すべてとお付き合いがあります。

取引先は多いほど、物件を買える可能性が高くなるので、常に新しいところを開拓しています。

金融機関を回るときは、自分にいくら貸してくれそうかということと、次のようなことを確認します。

・融資エリア
・金利
・期間
・遵法性に対する考え方

・評価方法
・内諾までのスピード
・担当者の力量
・預金の必要の有無等

目安としては半年に一度、付き合いのある金融機関と、今後、借りられそうな金融機関を回り、融資の感触をチェックします。ローラー作戦です。

付き合いのある金融機関が全部、必要な時にお金を貸してくれるかといえば、決してそんなことはありません。

僕はボロボロ、ガラガラの物件を買うことが多く、エリアも広いため、10件お願いして、1件からOKをもらえたらいい方です。

新しいエリアの物件を買った時は、地元の金融機関のエリア外ということがよくあります。

そういうときは、借りられる可能性のある金融機関を調べて、可能性があるところはすべてあたります。

例えば、僕は四国にも物件を買っているのですが、大阪に住んでいて四国の物件に融資をしてくれる可能性がある金融機関というのは、調べればわかります。

具体的には、四国の銀行で大阪に支店があるところ、大阪の銀行で四国に支店があるところ、エリアに関係なく貸してくれるところです。

それらをネットで調べて、すべて訪問しました。一覧表を作って、一つ残らず訪問するのです。

最初の2～3行をまわって、ダメっぽいなと思ったら、そこであきらめてしまう人がいますが、僕はやめません。

他の人と同じところでとまっていたら、競争に勝てないからです。

「きっと他の銀行もダメだろう」

「平日に時間を作って銀行をまわるのは大変だから、あと一つまわったらあきらめよう」

というような負の感情に負けてはいけません。

全部まわる、と決めたら感情を挟み込まずに、とにかく全部まわります。

「物件がない」「融資がつかない」という人に聞きたいのは、

「それ、全部交渉しているんですか？　連絡を取って、自分の欲しい値段で買い付けを入れましたか？」

ということです。

訊いてみると、みんな指をくわえて見ているだけで、買付を入れていません。銀行のローラー作戦をしている人も、ほぼいません。

そんな気持ちで、そんな行動量でもうあきらめるなんて、成功できない人の典型だなと思います。

結果を出すには、質と量のどちらかのレベルを上げなければいけません。結果は「質×量」で決まるので、どちらかがすごく優れていれば、ある程度の成果は出せます。

ただ、すごく成功している人は、やっぱり両方のレベルが高く、「質×量」の総量が大きくなっている気がします。

大切なのは、やると決めたことをやりきることです。

もしも、やるだけやって、どうしても出ないとわかったら、すっぱりとあきらめ、そのエリアは対象から外します。

「出ないものは出ない」と割り切るのも、金融機関とうまく付き合っていく秘訣です。

27

金利は後で交渉できる。まずは取引すること

僕は今、15行ほどの金融機関と取引があり、金利は平均で1%台前半です。一番安い金利は0・4%台です。

最初からその金利だったわけではなく、規模が拡大したり、経営能力が上がったりする中で交渉を繰り返し、少しずつ下げてもらってきた結果です。

金融機関をまわっていると、期間や金利がこちらの希望と合わないけれど、融資をしてくれるという場合があります。

そういうとき僕は、キャッシュフローがプラスになり、経営として回る範囲であれば妥協をして取引をします。

金利は後からいくらでも下げられるので、まずは融資を受けて、「優良物件を手に入れる」という最初のハードルを飛びこえることを優先するのです。

全部まわってもダメ、ということももちろんあります。

そういうときも、手ぶらでは帰りません。

会社の決算書の内容がダメなのか、決算書の内容はＯＫだけど、物件がダメだから出さないのか、それならどんな物件なら大丈夫なのかということを、各金融機関にぶつけ、必ず次につなげるようにします。

この粘り強い開拓のおかげで、僕は借地の物件や再建築不可の物件、容積率オーバーの物件にも融資をしてくれるところを見つけました。

そういう物件は、他の人が手を出さないので値段が下がりやすく、今でも利回りが30％を超えるようなものが見つかります（融資がつきにくくても、利回り20％以上の価格に設定すれば、将来売りに出したときに買う人はいます）。

「ダメだったか。残念」で終わるのではなく、「ダメだったか。では、どうすれば借りられるのか？」を調べることで、取引先を増やすことができます。

ちなみに、お付き合いする銀行の規模は気にしません。どこでも、お金を貸してくれれば、そこがいい銀行です。

もちろん、金利は安いに越したことはありません。

でも、金利が高くても、ちょっと変わった物件とか、築古で違法性のあるものに融資してくれる銀行というのは、とてもありがたい存在ですから、喜んでお付き合いさせてもらっています。

よく言われることですが、銀行に行くときは、できるだけきちんとした格好をしていくのがいいと思います。

実は、僕は最初、短パンとTシャツにビーサンをはいて、今さっき、ハワイから帰ってきたような格好をして融資のお願いに行っていました。

今振り返ると、ちょっと前の僕は、尖っていることをカッコいいと思っていたようです（笑）。

今はだいぶ、丸くなったので（体型のことではありません）、清潔感のある30代らしい落ち着いた服装で行っています（笑）。

ただし、服装はメインではなく、大切なのは物件評価と自分の与信と、決算書の内容ですから、その点には注意してください。

28

融資を受けるためには納税する

何年かやってみてわかったことですが、納税すればするほど銀行の評価は上がります。決算書の内容が良くなるので、借りやすくなるのです。

最初のうちは、節税もコスト削減のうちと思いこんでいたのですが、銀行の融資がしぶくなり、その原因を調べている中で、このことに気づきました。

融資がつかなくなったときは、メインバンクの担当者に「ぶっちゃけ、どうなんですか？」とかけあって、どうしたら借りられるのかを教えてもらいました。

ここだけの話、相手も人間ですから、融資を出して成績を伸ばしたいと思っています。

僕の場合は、営業利益や経常利益など、決算書の内容について、事前にヒアリングし、着地点を擦り合わせることで、次の年に融資がつきやすくなるよう工夫しました。

短期間で資産を拡大している人に話をきくと、多くの人が、この納税の仕組みを理解しており、さらに、金融機関の担当者とのすり合わせを実行しています。

目標のキャッシュフローがあって、これ以上はもう物件を増やさないと決めたのであれば、徹底的に節税すればいいと思います。

そうではなく、どんどん買い続けたいのであれば、積極的に納税して、債務の償還年数を少しでも短く、自己資本比率を高く見せていくことが大事です。

僕はもう、納税をもったいないとか、悔しいとか思わなくなりました。最近は一年で1億円以上納税することもありますが、むしろ清清しい気持ちです（笑）。

マイナスの感情を持つより、「よし、これだけ納税したから、また借りてやる！」と前向きに考えてどんどん納税する方が、精神的にも良いですし、社会貢献にもなります。

第5章

成功の原理原則②
[圧倒的に安く買う]

＊　＊　＊

第1章で、「こんな物件を買ってはいけない」ということを口を酸っぱくして力説させてもらいました。ダメ物件を買って時間と費やしたお金を無駄にするなら、買わない方がずっとマシです。

そして、厳しい現実として、２０１６年現在、価値が価格を上回る物件は、他の人と同じやり方をしても見つけることが難しくなっています。

でも、ほとんどの人が「それでも今、物件が欲しい」と考えていると思います。

この章では、だったら、安い物件を買うにはどうしたらいいのか、ということを説明します。僕が考える「安い物件」「買ってもいい物件」の基準や、どうやって買っているかについても書きました。

融資の見込みがついたら、次にやるべきなのは、安い物件を買うために行動することです。１に行動、２に行動、３、4がなくて5に行動です。

ぜひ、僕のマネをして圧倒的に安い物件を手に入れほしいと思います。

01

自分の買ってもいい物件の基準を決める

100冊以上本を読み、融資を受けられそうな金融機関が固まったら、次は本格的に物件を探します。

物件探しに、特別な方法はありません。

インターネットに出ている物件に問い合わせを入れる、不動産業者の知り合いに頼んでレインズを見せてもらう、競売や公売に入札するなど、ありとあらゆる手を尽くすべきです。

このとき、自分の基準をしっかりと持つことが大事です。

僕は次のような購入基準の目安をはっきりと決めています。これ以下のものはよほどエリアが良いなどの条件でなければ買いません。

◇RC物件の購入基準

新築〜築10年以内：9％以上
築15年以内：11％以上
築20年以内：12％以上
築25年以内：14％以上
築30年以内：17％以上
それ以上の築古：20％以上

◇鉄骨物件の購入基準

新築〜築10年以内：10％以上
築15年以内：13％以上
築20年以内：15％以上
築25年以内：20％以上
築30年以内：25％以上 or 土地値以下
それ以上の築古：25％以上 or 土地値以下

◇木造・軽量鉄骨の購入基準

新築〜築5年以内：12％以上
築10年以内：15％以上
築15年以内：18％以上
築20年以内：20％以上 or 土地値以下
それ以上の築古：25％以上 or 土地値以下

2016年現在、市場に出ている物件の99％は、（僕の基準でいえば）買ってはいけない物件です。

事前に絶対的な基準を決めておかないと、物件を探しているうちに「前の物件に比べたら安い」とか、「この場所でこの利回りなら悪くない」というふうに基準がどんどんぶれて、最終的にダメ物件を掴んでしまうリスクが高まります。

僕が現在でも利回り20％とか30％の物件を買っているというと、「特別なルートがあるのでは？」といわれますが、そんなものはありません。

2016年は半年で10棟以上買いましたが、その内訳は、半分が競売や公売、30％が任意売却、残りの20％がレインズに掲載されていた物件です。

ただし、価格は売りに出されていたままでは買わず、自分の利回りの基準に合わせて「この価格なら欲しいです」と相手に伝えています。

そのため、実際に買えるのは、買付を入れたうちの100分の1もありません。

圧倒的な行動量があるから、人より安い物件を買えたのです。

30 安く買える物件には理由がある

価格は需給で決まりますから、安い物件というのは、ワケありの物件です。

具体的には、次のような物件が安く買える可能性が高いといえます。

①立地が微妙でリーシングが厳しい
②間取りの競争力が弱い
③修繕されていない

④空室率が高い
⑤賃貸受給バランスが崩れている
⑥築古で耐用年数が短い、もしくはゼロ
⑦違法性あり（建ぺい率、容積率オーバー）
⑧反社等のややこしい人が住んでいる
⑨借地権などの権利関係がややこしい
⑩滞納者が多い
⑪決済まで時間がない
⑫競売等で売主から引継がない
⑬融資特約不可
⑭心理的瑕疵あり
⑮再建築不可

一覧には入れませんでしたが、ちょっと変わったものとして、何棟かまとめて買う代わりに安くなるというバルク売りというものもあります。

こういう物件は、測量し直して、バラバラにして売ると利益が出ます。

最近の事例で、2棟をまとめて買ってバラ売りしたものがありますが、一棟は買値の4倍、もう一棟は買値の2・5倍で売れました。

利回りでいうと、利回り45％で買ったものを11％で売っています。実際に、こういう取引があるのです。

不動産会社で自分の基準を伝えると、「そんな物件、今はありませんよ」「そんなに安いものがあればうちの会社で買っていますよ」などと、言われることがあります。

しかし、そこで基準を下げてはいけません。

圧倒的に安い物件を買うと決めている以上、簡単に見つからないのは当たり前です。

僕は今年に入って10棟以上買っているといいましたが、その前に検討して、買付をいれた物件の数は、その100倍以上あります。

買い付けが通らなくても、競売で落札できなくても、いちいち落ち込みません。

淡々と自分の基準で買いつけを入れ続けて、買える物件が出てくるのを待つだけです。

ここでも、強いメンタルが求められますが、続けているうちに慣れてきます。

31

田舎だからこそチャンスがある

多くの不動産投資家は、東京、大阪、名古屋、福岡、仙台、札幌など、人口が減りにくいといわれる場所を目指します。

同じ理由で、金融機関もそれらの場所には積極的に融資し、それ以外の場所に対しては消極的です。

それらの場所では売り物件も多く、活発に物件の売買がされています。

そんな話を聞くと、「みんなが買っているということは、それだけ儲かるからだろう」と考える人がいますが、逆です。

みんなが欲しがる場所に、儲かる物件はありません。値段が下がる前に、買う人が現われるからです。

では、どのエリアを狙えばいいのでしょう。

僕の買っている物件の多くは、人口が5万～10万人くらいの地方にあります。

わざわざそういうエリアを狙っているというよりも、高利回りのものを探すと、そういう場所に行きつくのです。

不動産投資において、場所はとても大切です。人口減少時代に、人が集まる要素がほとんどない地方の物件を買うなんて、リスクが大きいと考える人も多いと思います。

しかし、誤解して欲しくないのですが、僕はいくら安くても勝ち目のない物件を買いません。

地方に物件を買っているのは、次のようなメリットがあるからです。

①競合が少ない
②激安で購入できる
③差別化要素がたくさんある
④初期費用、広告料が少なくてすむ
⑤積算評価が物件価格よりも高く、融資がつきやすい物件が出やすい
⑥物件自体が少ないので地域最安値、生活保護をターゲットにすると埋まりやすい
⑦超高利回りが狙える

こういう物件を安く買って、安く修繕し、相場よりも少し安く貸すことで、利回りが20%、30%という儲かる物件にすることができるのです。

田舎は出口が心配という人がいますが、そんなことはありません。

これまで、僕は雪国以外の様々な場所の物件を売買してきましたが、どんな地方にも収益物件を求める人はいます（ちなみに、雪国を避けているのは、雪国に住んだことがないため、雪への対応がわからないことと、寒いのが苦手だからです）。

そして、そのエリアの相場よりも安い価格で売りに出せば、必ず売れるのです。

32 ワケあり物件ではない安い物件は即買い

ごくまれに、ワケあり物件ではないのに、安い物件が出てくることがあります。そういう物件とは、次のような物件です。

①売主が適正価格を知らずに業者に丸め込まれている
②売主が売り急いでいて足元を見ながら値段を叩ける
③任意売却で銀行の抹消同意が安い価格で得られる

こういった物件を見つけたら、迷わず購入します。このような物件が急に出てきたとき、融資をつけられる体制ができている人が勝つのです。

出遅れたと思ったら、元付けに飛び込んで、担当者に自分を選んでもらえるようなプレゼントを渡すこともあります。

何が何でも買ってやる！という姿勢が伝わると、1番手でなくても、物件がまわってきたりします。

こうして売買を続けていると、相性のいい業者が出てきて、優先的に物件情報がもらえるようになることもあります。そして、そういう業者が増えてくると、資産拡大のスピードを加速していけます。

33

競売や公売でも融資は使える

僕は雪国以外の全国のほぼすべての競売情報、公売情報をチェックしています。

関西圏の一棟物、共同住宅の競売には原則全て入札します。

それ以外に、九州、四国、中国、東海地方の一棟共同住宅にも物をみて入札しています。

競売や公売では指値は入れられません。基準価格から始まって、それにいくらかプラスして入札することになりますが、ここでも妥協はしません。

昔と違い、競売や公売にも多くの業者や個人投資家が参入してきているので、ちょっとよさそうな物件は、どんどん入札価格が上がります。

そこで狙うのはやはり、ボロボロ、ガラガラ、田舎物件で、融資がつきにくいもの、ということになります。

落札率は、１００件のうち1つか2つです。

ときどき、短期間に続けて落札できると、「値づけが高すぎたかも」と焦るくらい、ギリギリの低い価格で入札します。

ちなみに、競売や公売でも融資をしてくれる金融機関はあります。実際、僕もほとんどの物件を融資を受けて買っています。

どうしても融資がつかないときは、現金で買って、リフォームローンを借りることもあります。

ものすごく安い物件など、どう転んでも失敗しないだろうというときは、そうやって現金を使うこともあります。

例えば今年、公売で４５０万円の12室のアパートを買いました。この物件は表面利回りが１６０％で、ネット利回りも80％あります。

この話をすると、「どうやって見つけたの？」と質問されますが、公売なので誰でも見つけられます。

ライバルがいなかったのは、公売の情報を見ている人が少ないことと、見つけたとしても、購入前に得られる情報が少なすぎるため、買いたい人が出てこないからだと思います。

公売は、購入してふたを開けるまで、どの部屋がいくらで借りられているのか、といった情報を一切見ることができません。そのため、リスクが高いという理由で、避けている人がほとんどなのです。

しかし、僕には「わからないこと＝チャンス」に思えます。

この物件を見つけた時は、「メッチャおもろい物件見つけたった！」と、テンションが上がりまくりました。

それに、情報が少ないとはいえ、住所はわかるので、謄本を上げればだいたいの面積がわかります。築年数を見れば、間取りや設備の予想も立てられます。

なんといっても、利回りが80％ありますから、リフォームや退去にどれだけ費用がかかろうとも、負けることはありません。

リフォームして満室にしてからしばらく保有し、最終的には利回り20％程度で売却することも可能です。

今の市況でこの利回りなら、もしも融資がつかなかったとしても、欲しい人は必ず現われます。

買った瞬間から勝負は見えているのです。こういう物件が、僕にとっての買っていい物件です。

34

与信の出やすい物件を選ぶこと

安さや利回りも大事ですが、物件を買う時は、その銀行評価（金融機関から見たときの評価＝融資をいくら引けるか）を気にすることが大切です。

購入後に何年かして返済が進むと、ローンの残債よりも物件の与信の方が大きくなります。

この物件の余力が大きいと、この物件を共同担保に入れて、次の物件の購入時に活用することができます。

物件を安く買えば、すぐに余力ができますし、極端なことをいえば、買った時点で余力がある物件も存在します。

物件の評価は、耐用年数や広さだけで決まるわけではありません。

最初はボロボロのガラガラで、評価が厳しい物件でも、キレイに修繕して満室にしたら評価が上がり、余力ができてくる、ということもあります。

なぜそうなるかというと、金融機関は物件を評価する時に、積算評価のみを基準にするところと、積算評価と収益還元法の両方を見るところがあり、両方を見る金融機関は、入居率によって評価が大きく変わるからです。

僕の持っている物件は基本的にボロボロのガラガラなので、最初の評価はかなり低いことがほとんどです。

だからこそ、他の人が手を出さず、安く買えるのです。

しかし、直して満室にすると、評価が上がって担保余力が出てきます。

僕はこの物件の余力をエクセルの表にして、常にアップデートしてあります。

そうすると、次に欲しいものが出てきたけれどちょっと現金が足りないときなどに、「この物件は与信が余っているから、共同担保に入れよう」という使い方できます。

パズルのように、足りない部分に、余っている与信を組み合わせることで、全体の規模を大きくしていけます。

圧倒的に安く買えた物件のほとんどは、誰にも見向きもされないボロガラ物件でした。しかし、手をかけて再生することで価値が増し、次の融資に貢献する優良物件に変わるのです。

僕が短期間でガンガン物件を買い進めることができたのは、この与信の部分を気にして物件を買ってきたからです。

僕は2016年に入り、200室以上、規模が増えました。明らかに、数年前よりも加速しています。

ある程度規模を大きくして、キャッシュを貯めて、与信を厚くしていくと、いつでも、どんな物件でも買える状態に近づきます。

そこまでいけば、情報も入りやすくなり、取れる選択肢も増えるというもう一つ上のステージに上がれるのです。

35 金融機関のスキームにはまる物件は買わない

サラリーマンの属性に対して融資をしてくれることで有名な銀行として、S銀行があります。

金利が4・5%と高めですが、他の金融機関では融資が通りにくいような物件にも融資をしてくれるので人気があります。

不動産会社の中には、この金融機関で融資がつく物件のロジックを利用して、ローンと物件をセットで売っているところがあります。

以前、平成築の積算評価の出やすいＲＣ物件をフルローンやオーバーローンで購入し、資産を増やしていくという、いわゆる「光速不動産投資法」と呼ばれるやり方がはやりましたが、この手法よりもずっと多くの物件がこのスキームで売られています。

現在は年収が１０００万円以上のサラリーマンに限定されたようですが、以前は７００万円くらいでもＯＫだったため、普通のサラリーマンがどんどん1億円を超える物件のオーナーとしてデビューしました。

彼らがどんな物件を買っているかというと、利回りは9％とか10％くらいで、中途半端な地方にある土地の広い中古ＲＣか鉄骨マンションというのが典型的なパターンです。

不動産投資で億万長者になる人は、こういう物件は絶対に買いません。僕が相談を受けた場合も、買ってはいけないと伝えています。

この銀行は耐用年数以上の長いローンが組めるため、キャッシュフローが出るように見えますが、それは返済を延ばすことで元金の返済が薄くなっているからです。

そのキャッシュフローは本当の利益ではなく、将来の利益の先取りをしているだけといえます。

金利4・5%で25年とか30年とかの長期ローンを組んだら、元金はいつまでたっても減りません。

5年後に入居率が下がってきて、今のうちに売りたいなと思っても、ほとんど元金が減っていないため、価格を下げることができず、誰も買わないという悲劇が待っています。

融資期間を長くとることには、確かに手元のキャッシュフローを厚くできるという大きなメリットがあるように見えます。

しかし、その影にあるもっと大きなデメリットを無視するのは問題です。

僕は、融資期間を長く引っ張りすぎることには、次のようなリスクがあると考えています。

①建物の減価
②家賃下落
③空室率の上昇

④大規模も含めた修繕リスクの増大
⑤残債の減るスピードが遅い＝相場が暴落したら売れなくなる？
⑥ＣＦが残ることで判断基準が鈍る（特に売却においての）
⑦デッドクロスが来る

特に怖いのは、キャッシュフローが残ることで売却の際の判断基準が鈍るということです。このことは、不動産投資における致命傷になりえます。

さらに悪いことに、この銀行は去年から、自分のところで融資を受けた物件を買った人が、物件を売る時、次の買主に融資を出さなくなりました。

そうなると、買える人の数は減り、出口は閉ざされます。今は良くても、５年後、10年後に困る人が出るのではないかと心配しています。

しかし、逆の立場から見れば、このスキームで買った人たちが最後に損切り覚悟で投売りすることになったら、そこは与信と現金を持っている人たちにとって、絶好の買い場になります。

金融機関と業者の養分になって、最後は何も残らない投資家になるか、そういう投資家から安く物件を買って、資産を増やすのか。

どちらの道を選ぶかは、その人次第です。そして、その分かれ目となるのは、100冊以上の本を読むという勤勉さと、強いマインドだと思います。

36

物件を高値掴みしないための3か条

物件を高値掴みしないために、僕が実践している3つの方法を紹介します。

①すぐ売りに出しても買値より高く売れるかを調べる

ひとつめは、買おうとしている物件に対し、今売ったらいくらになるか、という視点を持つことです。

その物件を即転売したときに、値段がいくらになるかというのを、ほかの収益物件を扱っている業者や不動産投資をやっている知人にききましょう。

10人くらいに訊けば、高いか安いかがわかるはずです。

やり方は簡単で、「このエリアでこのスペックの物件なんですけど、いくらで売れると思いますか？」と訊くだけです。

不動投資家向けのポータルサイトの「売却査定」という無料サービスを使い、業者から見ていくらくらいの価値があるかを推測することもできます。

◇**楽待**　収益物件の一括無料査定（https://www.rakumachi.jp/fudousanbaikyaku）

◇**健美家**　売却査定（https://www.kenbiya.com/app/exe/sell1）

僕はもう相場観が付いているので、10人に訊かなくてもわかりますが、初心者ならプロの意見を聞くべきです。

当然、相手が言った金額よりも安く買えれば、失敗するリスクが下がります。

②家賃を適正値に引き直しても儲かるかを調べる

2つ目は、3〜4件以上の不動産屋さんに、「この物件はいくらの家賃で決まると思いますか？」と訊いてみることです。

なぜなら、売り物件の現在の家賃設定が適正とは限らないからです。

物件を買うとき、現在の入居率や家賃がわかるレントロールを見せてもらうことが一般的ですが、ときどき、相場よりかなり高い家賃になっていることがあります。

売主や業者が、利回りを高く見せるために、3カ月のフリーレントをつけるなどして、賃料を無理やり上げて埋めているからです。

自分が売るときにこれをやることは止めませんが、買うときにこんな物件を購入しては絶対にダメです。

③謄本を見て前の売主がいくらで買っているかを推測する

3つ目は、謄本を見て、売主がどういう事情で売るのかを確認することです。

販売している業者が「売主」になっていたら、その業者が利益を抜いていることになります。そんな物件を買っても儲かりません。

それをわかっていてあえて買うならまだアリかもしれませんが、知らずに買うのは絶対に避けるべきです。

これは「中間省略」という手法で、これに乗っかると業者の養分にされるだけです。

中間省略の業者とお付き合いするのは売る時だけ、と肝に銘じましょう。

売主が販売業者ではなくても、それで安心してはいけません。

前の持ち主が半年や一年で転売していないかどうかも確認します。すぐに売りに出しているようなら、入居付けが厳しいなど、何か大きな問題があるのかもしれません。

謄本に記載されている融資条件も確認します。

前の売主がその物件をいくらで買ったのかは、質問しても教えてもらえませんが、謄本を見て、いくら借入しているかがわかれば、買値を推測できます。

僕も経験があるのですが、いい物件だと思ったのに、売り主がすごく安く買っているということがわかると、やる気が一気に萎えます。

もちろん、そんな物件を買ってはいけません。

37 リスクについて

どんなビジネスにも、リスクがあります。それは不動産投資も同じです。

僕のやり方の場合は、ガラガラやボロボロの物件がターゲットなので、買って開けてみないとわからないところがあり、そこが一番のリスクです。

実際に、購入後に配管がダメになっていることがわかり、当初の予測より3000万円も多く修繕費用がかかったことがありました。今のところ、このアクシデントが自分の中で一番想定外の出来事でした。

それ以外では、埋まると思ったのに埋まらないとか、金利が上がるとか、突発的な修繕費なども、リスクとしてあげられます。

地震や火事については、保険でカバーできますし、孤独死や自殺なども、経験上、そんなに大きなリスクにはならないと思っています。

戦争・テロ・クーデターが起こったらお手上げですが、そのときは僕の物件がどうこうの話ではなく、日本全体が大変なことになるでしょうから、また別の話です。

ただ、一棟で勝負するわけではなく、複数棟所有しているわけですから、ややダメな物件を買ってしまったとしても、トータルで見てプラスなら余裕で回していけます。

そして、圧倒的に安く買っていれば、すぐに売却することもできるでしょう。

そう考えるとやはり、最大のリスクヘッジは相場より安く買うことに尽きると思います。

38

実際に買った物件

①積算価格の4分の1で買った利回り50％の競売物件

実際に僕がどんな物件を買っているのかを紹介します。

この物件（上の写真）は、2014年秋に競売で購入したRC一棟マンションです。

場所は四国の某市で、延べ床面積は1000坪以上あります。内訳はファミリー物件が50室弱、その他に店舗と事務所です。

購入価格は6500万円で、積算価格の約4分の1。

利回りは表面で50％という物件でした。

購入時の入居率は約20％と低く、35室ある空室は内外装全て放置状態でした。フルリフォームが必要で、修繕に2カ月を要しました。

しかし、場所がよかったこともあり、3カ月で満室になり、リフォーム後の仕上がり利回りでも30％を達成できました。

融資は都銀で金利1％台、修繕費込のオーバーローン。期間は7年で、元金返済猶予は8カ月です。

②任意売却で買った東海地区の利回り35％マンション

この物件（上の写真）は、2014年の春に購入した昭和56年築のRCマンションです。

場所は東海地方の某市で、表面利回りは35％ありました。

ファミリーシングルの混合で約50室あり、店舗と事務所もついています。

購入価格は9500万円で、積算価格の約3分の1でした。購入時は入居率が20％しかなく、内外装のフルリフォームが必要だったため、修繕に2ヵ月を要しました。

しかし、リフォームを終えるとレジ部分は2カ月で満室になり、仕上がり利回りも28％となりました。

融資は信用組合から、修繕費込みのオーバーローンがつきました。期間は14年で金利は2％台、元金返済猶予は6カ月つけてもらいました。その後、地銀へ借り換えし0・9％で融資を受けました。

最終的に2016年6月に購入価格の2・4倍で売却することができました。

③レインズで普通に売られていた関東の利回り18％マンション

この物件（次ページに写真）は2015年春に購入した平成7年築のRCマンションです。

場所は関東の某市で、表面利回りは18％、購入価格は2億2500万円で、積算評価の約半分でした。

なぜこんなに安かったかというと、80室がすべて空室だったからです。

外観はキレイだったので大阪から職人を派遣して、内装だけ手を入れてもらいました。修繕には1カ月半かかりました。その後、入居者も決まり、今は順調に運営できています。

融資はフルローンで都銀で1％台、期間は20年つきました。元金返済猶予は6カ月つけてもらいました。

これらの3つの物件は、すでに不動産価格が上がっていた2014年と2015年に購入したものです。
日頃の金融機関巡りのかいがあって、どれも入居率が低いにもかかわらず、フルローンもしくはオーバーローンで買えました。
利回り20％、30％以上という物件を持ち出しナシで購入し、毎月、多額のインカムが入ってくる体制が築けたことになります。

これが、不動産投資のすごいところです。

注目して欲しいのは、最初の物件は競売、最後の物件はレインズ経由で買っているということです。つまり、誰にでも購入のチャンスがあったのです。

その中でなぜ、僕が買えたかといえば、融資を引っ張ることができたからといえるでしょう。

競売物件は、落札したあとで融資をつけてもらえるよう金融機関を回ってお願いすることになります。

落札したのに融資がつかなければ、預けたお金を没収されてしまうので、大きな物件になればなるほど、みんな慎重になります。

場所が四国でしたし、僕も融資づけに100％の自信があったわけではありません。でも、思い切って勝負をして、落札し、なんとか融資を引くことができました。その結果、仕上がり利回りが30％の超優良物件が誕生しました。

欲しい人はたくさんいたと思います。でも、買える人はたぶん、僕しかいませんでした。だから僕のところにまわってきたのです。

これらの物件は売却すれば、億単位のキャピタルゲインが得られると予想されます（実際に②の物件は売却し、億単位の利益を得ています）。

圧倒的に安い物件は、本当にあるのです。

そして、多くの人に購入できるチャンスがあるのです。

あとは、この手の物件を買えるようになるために、キャッシュと与信を貯めることだけ。そこにフォーカスすることで、億万長者に近づけます。

第6章

成功の原理原則③
[キャッシュフローを増やす]

＊＊＊

安い物件を購入できたら、次はその物件が少しでも多くのお金を生んでくれるよう、全力でできることをします。それと同時に、出費を抑えることで、毎月のキャッシュフローをできる限り増やします。

そのための大原則となるのが、満室経営を続けることです。

この部分は物件の購入や売却ほどダイナミックな動きは必要ありませんが、マメに確実に行動することで、結果が出やすい部分といえます。

空室対策に関する本は数多く出されていますし、不動産会社との付き合い方にもセオリーがあります。やるべきことは決まっているので、あとはそれを効率よく、地道にやっていくだけです。

満室経営は、賃料収入はもちろんですが、売却時にも大きな強みとなります。

不動産投資の一番の基礎となる部分ですので、満室が当たり前という感覚で埋まるまで行動しましょう。

39

1秒でも早く、長く埋める

物件を買ったあとは、とにかくキャッシュフローを増やすことに努めます。一番に心がけるべきは、1秒でも早く埋めることです。

僕は入居付けに関しては、次の信念を持って取り組んでいます。

①絶対満室
②1秒でも早く満室
③何が何でも満室

空室を抱えている人に理由を聞くと、色々な言い訳が返って来ます。

「管理会社の動きが遅い」「物件力がいまひとつ」「エリアが弱い」「景気のせいで引っ越してくる人が減った」「役所が動いてくれない」などなど。

これらは全部、空室の理由にはなりません。

空室があるのは、オーナーである自分の責任です。その自覚がない人は、デキるオーナーにどんどん差をつけられる一方です。

常に満室をキープするには、即断、即決、即行動で、やるべきことをきっちりやるしかありません。

そして、やるべきことは、空室対策の本を読めば、丁寧に書いてあります。ノウハウが出尽くしている今、うまくいかないのは、行動しない自分に責任があるのです。

40 最低限のリフォームでコストを抑える

物件を買ったら、まず行うのはリフォームです。

僕はいつも、1日もムダにしないために、決済当日からリフォームにとりかかれるよう事前に手配します。売主がＯＫしてくれるなら、決済の前からリフォームやリーシングの活動を始めます。

ここで、リフォームをどこに依頼するかという問題が発生します。

僕の場合、最初の頃はタウンページを見て一軒一軒電話をかけたり、土建組合に連絡をして職人さんを紹介してもらったりしながら、値段とクオリティーとスピードのバランスがいいところを探しました。

正直、「安かろう悪かろう」のところもたくさんありました。

こればかりは、お願いしてみないとわからないので、一度、小さな仕事を依頼して、力量を測るしか方法はありません。

何度かお願いして相性のいいところが定まってきたため、今は特定の職人さんに直接発注しています。

大阪以外の物件もすべて、同じ方に頼んでいます。ハイエースに布団を積んで、どこでも行ってくれる貴重なパートナーです。

同じ職人さんにお願いできるようになると、クオリティーの心配をしなくてもいいですし、リフォームの内容も細かく説明しなくてもいいので、効率よく仕事を進めることができます。

リフォームを安くやってもらうポイントとして、最初に予算を伝えるということがあります。

「○○万円でやってよ！」と言ってから、依頼したい内容を伝えると、その範囲内でなんとかやってくれようとします。

ちなみにリフォームの内容はほとんどの場合、凝ったことはしません。必要最低限です。

空室にＰＯＰを張ったり、カーテンやフェイクのグリーンを飾ったりといった手間もかけません。

不動産投資を始めたばかりの頃は、空室対策の本を読んで、あれこれと試したこともありますが、ＰＯＰがなくても埋まる部屋は埋まるし、ＰＯＰがあってもダメな部屋はダメでした。

それよりも、家賃を相場より少し安くして、広告費を少し高くする方が確実に効果が得られます。

例外として、新築や築浅で家賃を高く設定できる物件については、デザイナーを入れてオシャレにすることもあります。入居者層によって、その部分は柔軟に変えていきます。

41

賃料は相場より少し安くする

入居者がいなければ、売上は上がりません。

ですから、賃貸経営にとって、入居付けを仕組み化して、常に高い入居率を保つことは、とても重要です。

僕は入居付けを管理会社にまかせっきりにはしません。

管理会社の許可をとって、複数の客付け業者に客付けを依頼します。

それだけでなく、客付けをした業者が手数料を全てもらえるように手配しています。

その方が、客付け業者さんが本気になってくれるからです。

空室があるときは、毎週メールとＦＡＸを賃貸屋さんに流し、客付けを依頼します。

早く埋めたいときは、ライバル物件よりも多く広告料を出すことを伝えます。それだけでなく、担当者にも個人的に謝礼を弾むようにします。

案内があっても決まらなかった場合は、担当者にヒアリングをして、現場にフィードバックします。

これを繰り返し、空室を一つずつ埋めていくのです。

なかなか埋まらないときは、不動産会社の立場に立ってものを考えてみることをおすすめします。

彼らからみた客付けの優先順位は、次のようになります。

①1回の案内で絶対決まる物件力のある即決物件
②紹介案件などの楽に即決できる物件
③広告料や謝礼が太い物件
④自社の管理物件
⑤専任物件
⑥カギを預かっている、もしくは現地にキーボックスがあり案内が楽な物件

ここで考えるべきことは、「いかに楽に業者さんを儲けさせるか」ということです。

管理形態についてはどうにもならなくても、すぐに決まる物件、広告料や謝礼が太

い物件、現地にキーボックスのある物件、という点については、自分次第で対応できます。

ちなみに、すぐに決まる物件というのは、入居者目線で見たとき、価値が価格を上回っている部屋です。

ほどんどのオーナーが「価格＝価値」という部屋に仕上げている中で、価格より価値が上回る部屋を作れば、満室を維持することができます。

かといって、特別なことをする必要はありません。

きちんと清掃をして、外壁や内装をキレイに保ち、ターゲットに適した設備&間取りを用意した上で、同じスペックの近隣の物件よりも家賃を少し安くすれば、そのエリアで最も選ばれる物件になるはずです。

また、初期費用が適切であることも大切です。

客付け会社の意見をききながら、そのタイミングで一番埋まりやすいと思われる条件を臨機応変に決めていきましょう。

入居者に選ばれる部屋

× 価格 ＞ 価値
○ 価格 ＝ 価値
◎ 価格 ＜ 価値

42

生活保護以下の人というブルーオーシャン

僕はボロボロでガラガラの物件を買うことが多いので、住んでいるのは、いわゆる属性の低い方たちになります。

生活保護の人たちも多く、中にはそれ以下の生活をしている人も少なくありません。

生活保護以下というのは、アルバイトなどで働いているのですが、収入が少なく、本当にギリギリのレベルで生きている人たちです。

不動産投資家の中には、「収入の低い人＝手がかかる」という思い込みを持っている人がいますが、実際はそんなことはありません。

そういう物件に住んでいる人たちは、おとなしい人が多く、騒音の問題、ちょっとした水漏れの苦情、近所の誰かに何か言われたなどの、よくあるクレームを言ってくることがほとんどありません。

リフォームも最低限で充分ですし、その物件がそのエリアで一番安い物件だと、他に行くところがないので、退去も少なく、家賃滞納もめったにありません。

年齢的には50歳以上の人が大半ですが、経験上、この年代の人は話せばわかる人が多いように思います。

経済的な面もそうですし、引越しをするようなライフイベントもない方がほとんどなので、亡くなるまで住んでくれる方も多くいます。

孤独死の問題には気を配る必要があります。その点は近隣の方に声をかけておくことで、「あの人の顔を最近見ないけど、何かあったのでは？」というようなことを管理会社に伝えてもらえる体制を作っておきます。

それでもたまに、無茶を言う入居者もいます。

しかし、それは確率の問題で、規模を拡大すればどうしても一定数は出会うことになるので、割り切るしかありません。

僕の場合、問題がある入居者には容赦なく、「出て行ってください」と言っています。トラブルになった場合には、すぐに裁判所へ調停にかけます。

すぐに次の入居者が決まるような物件しか買っていないので、問題のある入居者でも家賃をくれるならいてほしい、というような発想はありません。

43

それでも入居を断った方がいい人々

入居審査ですが、保証会社さえパスすれば、基本的にオールOKとしています。

僕が断るのは、精神異常者、アル中・ヤク中、ゴミ屋敷化する人だけです。

そういう人たちはどこの物件でも同じことをするので、管理会社にちょっと調べてもらえばわかります。

これらに該当はしないけれど、ちょっとヤバイなという人が入ってきた時は、基本的にかかわらないようにしています。

リフォームの確認のときなどに顔を合わせたときは、意識的に居丈高な口の利き方をします。敬語は使いません。

一度なめられたら、調子に乗るのが目に見えているからです。

こういうやり方について、反発を覚える人もいるかもしれませんが、物件内の秩序を保つために必要なことだと思っています。

44
コストを徹底的にカットする

不動産投資とは、イールドギャップを取って儲ける商売です。

「実質利回り－調達金利＝イールドギャップ」ですから、利回りを高くして、調達金利を低くするほど、儲けは増えるというシンプルなルールが成り立ちます。

また、賃貸業は売上が決まっています。部屋の数がどうしても売上の天井となってしまうからです。

①インカムゲイン（売上－経費＝利益）
②キャピタルゲイン（売却価格－仕入れ価格＝利益）

特に①のインカムゲインは、物販や飲食店などのように、ブームが来ていきなり10倍とか100倍に増えることは、絶対にありません。

それどころか、普通にしていれば建物は古くなり、家賃収入も下がってきます。ですから、満室にして賃料収入を増やすと同時に、コストを抑えることに徹底的に努めるべきです。

商売をやっている人から見れば、こんなことは常識なのですが、大家さんたちを見ていると、自分でできるところも全てまる投げで、管理会社さんにピンハネされて、儲からなくなっている人がいっぱいいます。

管理会社にまったく儲けさせるなとはいいません。しかし、必要以上に儲けさせる必要もありません。

僕は、管理会社さんに管理費を1%~2%でお願いしています。地方では5%のところもありますが、都市部では相場よりかなり安くしてもらいました。

なぜそれで引き受けてもらえるかというと、スケールメリットがあるからです。例えばある管理会社には、家賃収入ベースで1億円以上の物件をお願いしています。

ですから、管理費が1%とか2%でも、かなりの金額になります。数部屋預けているだけの人より優遇してもらうことは、決してズルいことではないと思います。

相場が5%だからそれ以下にはならないだろうと、勝手に決め付ける必要はないのです。

ときどき、信じられないくらい高価なリフォーム費用を払っている人を見ますが、そんなやり方で儲かるはずがありません。

リフォームの値段は相場と大きく離れていないか、管理費はそのエリアの相場より高くないか、きっちりと調べましょう。

そして、もしも高いようなら、何らかの対策をとるべきです。

入ってくるお金に上限があるのですから、出て行くお金を減らすことは、利益を残すための重要なポイントです。

ほとんどの人が借金をして始めているのですから、お金の流れにもっとシビアになるべきです。

45
金利を下げる

キャッシュフローを増やすというと、賃料収入を増やすことをイメージする人が多いようです。

しかし、それ以上に大きなプラス効果をもたらすのが、金利を下げることです。10億円の借り入れで、１％金利が下がれば、１０００万円近くの経費が浮きます。

また、今は金融機関どうしの競争が激しくなっており、相談にのってもらいやすいタイミングといえます。

ですから、僕は金融機関との金利交渉については、積極的にお願いしています。

狙い目は、金融機関の期末の時期です。

金融機関は貸し出し高を延ばしたいその時期に、別の銀行に借り換えされることを嫌がります。

そのため、その時期に、他の金融機関で借り換えを検討していることを伝えると、それを防ぐために金利ダウンの相談にのってくれることが増えるのです。

第7章

成功への実践法則
[売却でスピーディに資産を拡大する]

＊　＊　＊

この章では、物件を高く売るために僕が実践していることを紹介します。

売却益のパワーは強烈です。

一昔前の不動産投資本では、売却益狙いの投資は危ないからやめるべきで、毎月入ってくる賃料収入（インカムゲイン）に集中するように書かれていることがよくありました。

それは、バブル期に、売却益目当てで不動産を買って、バブル崩壊後に悲惨な目にあった人が多かったという反省から来るものです。

僕がここでいう売却益狙いの物件とは、バブル期のように、「毎月の収支はマイナスだけど、売れば上がりそうだから買う」というものではありません。

所有している間もインカムゲインがどんどん流れ込んできて、売却に出せばキャッシュがドカンと入ってくるという物件です。

持っていても儲かる、売りに出しても儲かる。そういう物件を持つことで、リスクを抑えながら、利益を拡大していくことができるのです。

46

高く売ってキャピタルゲインを得る

投資の世界には、キャッシュイズキングという言葉があるように、現金があるとあらゆることが有利になります。

僕の投資家仲間には、コンサルタントの売上だけで数千万円あるような人もいます。コンサルタントではなくても、本業がうまくいって、キャッシュリッチな人もいるでしょう。

そういう人は、本業からのキャッシュを使って物件を買い進めれば、スピーディに資産を拡大することができます。

しかし、不動産投資の賃料だけで収入を得ている人は、大きなキャッシュがドカンと入るということがありません。

そのため、次の物件に必要な頭金が貯まるまで、時間がかかったり、お金が足りないせいで欲しかった物件をライバルに奪われたりという悔しい思いをすることになります。

しかし、そこに売却を組み合わせると、状況が変わります。

売却で得たキャッシュが潤沢にあると、物件購入のスピードを速められるだけでなく、インカムゲインだけのときとは違う視点で作戦を立てられるようになるのです。

実は僕自身もかつて、その「視点」の変化を体感しました。

というのも、不動産投資を始めた当時は、「家賃収入で1億円くらいまでいけばいいなあ」という漠然とした思いがあるだけで、今ほど強い目的意識は持っていませんでした。

そんな中、自分の中でブレイクスルーを感じたのは、初めての売却が成功したときです。ラッキーなことに、「この値段で売れればいいな」と強気で売りに出した物件が売れて、1億円近くのキャピタルゲインが入ったのです。

キャッシュポジションがバーッと上がったのを見て、「これからはインカムだけでなく、売却も組み合わせていこう。それが、資産を増やす最短・最速の道だ」と気づきました。

それ以前は買うばかりで、思うようにお金が増えないことを感じていたので、ドカンとキャッシュが増える売却のパワーには大きなインパクトがありました。

それ以来、持っている物件のうち、いくつかは常に売りに出すようにしています。売り出し価格は、不動産投資家向けのポータルサイトに出ている値段などを参考に決めます。

「ようし、この値段で売って儲けるぞ！」という感じではなく、「とりあえず、この辺の目線で出してみよう」というスタンスです。

ひとつの目安として、税引前のキャッシュフローで10年分以上の手残りがあれば、OKとしています。

「この値段で売れるんだったら、いつでも売りますよ」という考えなので、何年以内に売ろうとか、最低でも何年間は売らずに持ち続けようという目安も特にありません。

そんな緩いスタンスでも、欲しい人が現われることがあります。

ただし、ギリギリ売れるかどうかという高値で売りに出しているため、売れる物件はそんなに多くありません。

２０１６年の前半でいうと、10棟の購入に対し、売ったのは２棟でした。

それでも、毎年、１億円を大きく上回るキャピタルゲインを得ており、そのキャッシュが僕の資産拡大に大きく貢献していることは間違いありません。

47

高く売るためのコツ

高く売るためのコツは、いくつかあります。

まずは、きちんと修繕をしてキレイにしてから、満室にして売ることです。

その状態が一番高く売れるので、それが大前提になります。

あとは、あまり大きいロットだと、買える層が限られるので、オープンにするのではなく、慎重に動いた方がいいと思います。

例えば5億円を超える物件などは､買える層が完全に限られます。そういうときは、5億円以上の物件を買えるお客を抱えている仲介会社にお願いします。

端的に言えば、東京の大手不動産会社です。

東京には、お金を持っている人が日本の他の場所よりも圧倒的に多くいます。ですから、まずそこから投げてみて、それで成約しなければ、徐々に広げていくということをします。

それがダメなら、地元の大手不動産会社に振って、それでも売れなければ収益物件を専門にやっている業者に投げて、最後はＲＥＩＮＳ（レインズ）に放置ということになります。

不動産投資家向けの『楽待』とか、『健美家』とか、『連合隊（不動産連合隊）』といったサイトに掲載することもあります。

値段は厳しめで、売れたらラッキーというプライスをつけています。

その結果、２０１５年は買値の４倍と２・６倍、２０１６年は買値の２・４倍と１・６倍で売却できました。

48

持ち続けることのリスク

僕が物件を売却しているのは、売却益を得られるという理由だけではありません。

不動産は、持っているだけでどんどん古くなり、傷んでいきます。

別の言葉でいうなら、今がピークなのです。

古くなるほど、家賃の下落、大規模修繕による出費、古くなることによる銀行評価の低下といったことが起こってきます。

何もしなければ、利益も与信も落ちていくのが不動産の宿命です。

ですから、売却をすることで、定期的に古いものを新しいものに入れ替えることは、トータルで見たときの資産の価値を保つために、有効な手段ということになります。

また、物件をスピーディに買い増すにはキャッシュが必要です。

なぜなら、フルローンやオーバーローンで買えたとしても、購入の諸経費や広告料、修繕費などの再生にかかる費用でキャッシュが出て行くため、一定のお金が貯まるまでには時間がかかるからです。

そういう意味でも、売却をしてキャッシュを得ることは重要であるといえます。

そして、今はまさに売り時です。

超高利回りでいつでも売れるというものは別ですが、資産をどんどん増やしていくつもりなら、築古のものや入居付けが厳しい物件、修繕費が掛かる物件は今のうちに売却して、新しいものに組み替えるのがいいように思います。

49

売却益を見せ金にして銀行からさらに大きな融資を受ける

売却益が入ると、銀行からは決まって、「定期預金にしませんか」と連絡が来ますが、定期預金として置いておくことはしません。

定期預金にしても、わずかな金利しかつかず、そこでお金の流れが止まってしまうからです。

一方、そのお金を次の物件購入のための見せ金に使い、融資を引いて買った物件でキャッシュフローを充分に得た後、タイミングを見て売却する……ということを繰り返せば、ただ置いておくときよりもずっと早く、お金は増えていきます。

専門的な言葉でいうと、「資本回転効率を高めて再投資する」ということです。

短期間でお金を増やすには、このマインドを持つことがとても重要です。

ときどき、「買った物件をずっと持ち続けることはないのですか？」と訊かれることがあります。

そういうとき、僕は、「保有期間に違いはありますが、すべていつかは売却することを想定しています。もしくは、いつ売却しないといけない状況になっても損をしないように買っています」と答えます。

誤解しないでほしいのは、転売目的ではないということです。税金の面から見ても、買って即売るということを繰り返すのは、ベストな選択ではありません。

そうではなくて、最初の数年は満室経営を維持することで賃料収入を増やし、キャッシュをグングン伸ばします。

僕が購入する物件は築年数の古いものが多いため、返済期間は長くて15年くらいです。それでも、利回りが高いので返済比率は30％程度に抑えられ、キャッシュフローは充分に得られるのです。

基本は、保有して、そこで少しでも多くの家賃収入を得るということです。しかし、いつかは売るということも頭に入れておくことが重要なのです。

返済期間に話を戻すと、期間が15年ですと、5年で3分の1を返済できるため、短期間で与信を増やせます。

数年で土地値以下にまで残債が減ることも珍しくありません。そして、土地値以下になると買いたい人が増えるため（次の人に融資が付きやすくなる）、売却がスムーズに進みやすくなります。

そうやって、保有しながらキャッシュを最大限に蓄え、最後に売却でさらに大きなキャッシュを得るのが、僕にとっての成功のセオリーです。

ちなみに、持ち続けない理由として、個人の投資家が建て替えまで行って利益を出すことは現実的ではないということもあります。

特にRC物件の場合、解体費用だけで数千万円かかります。その他に、退去に伴う手間や費用もかかります。

一方、売却なら、シンプルに短期でお金を増やすことができます。それなのに、わざわざ建て直すまで持ち続けることのメリットが見つかりません。

僕は不動産投資を始めたことから、優良物件があればなんとしても購入し、所有中はできるだけ多くのキャッシュを蓄え、価値を上げて適切なタイミングで売却し、入ってきたお金を見せ金にして、また次の物件を購入する、という流れを作り続けてきました。

その結果、お金と与信（金融機関からお金を借りられる枠）が増え、さらに大きな物件を買えるようになったのです。

与信とキャッシュをうまく使いながら、キャッシュを倍増させるうち、「どんな物件でも、欲しい物件は絶対に買える」体制に持っていくことができます。

50 金融機関の動向によって出口戦略が変わるという問題

物件を購入する際には、金融機関から融資を受けることが大切であり、融資がつかない物件はスパッとあきらめることも大事だと書きました。

それは逆に言うと、自分が物件を売るときに、買う人に融資がつくような物件であることが重要だということです。

僕は5年前に不動産投資を始めてから、毎年数千万円～1億円以上、物件売却益を出しています。

次の買い手は企業だったり、投資家だったり様々でしたが、基本的にみんな、融資を使います。

今の不動産の相場を決める一つの要因として、前にも書いたサラリーマンに優しいS銀行の存在というのが大きくかかわっています。

S銀行はサラリーマンの属性を担保に、積算評価額以上の融資を出しますし、耐用年数以上の融資期間を認めます。

他の銀行の基準では回らないけれど、S銀行のスキームに乗せることで、キャッシュフローが出るという物件が今の日本には多く流通しています。

もし、S銀行の融資姿勢が変わり、普通の銀行と同じように、積算評価の7がけの融資額しかつかず、耐用年数以上の融資期間は認めないとなれば、「誰も買えない収益物件」が日本中に溢れることになります。

そのとき、自分がどう動くのか……。

それを投資家として、常に考えておく必要があります。

最悪なのは、S銀行の融資の門が閉まった途端に、出口が閉ざされて、ニッチもサッチもいかなくなるというパターンです。

逆に、買い手が激減することで物件価格が下がったところを、それまでに蓄えた与信とキャッシュで一気に購入することができれば、その後、どう転んでも負けないような賃貸経営ができる黄金時代を迎えられるでしょう。

いつまでも、今の状況が続くとは限りません。というか、絶対に状況は変わります。常に先を読みながら、手詰まりにならないように戦略を持っておくことが大切です。

51
規模拡大の際の注意点

僕が短期間でガガガッと資産を増やしたのを見て、「そろそろ少し休んだら?」と言ってくれる人もいますが、そんなつもりはありません。

正直にいうと、「少し休もうかな」と思うこともあるのですが、仕事を「仕組み化」していることで、自分で何もしなくても日々、精査された物件情報や、「この間入札した物件が落札できました」という連絡が入るため、せっかくだから買うか、という気持ちになるのです。

今の僕は、その物件を買って、直して満室にする(その後で売ることもある)ことで、だいたいいくらくらい儲かるかがパパッとイメージできます。「これは、1億円儲かるぞ」とわかれば、やはり欲しくなるのが人間です。「1億円落ちていました。拾ったら自分のものになります。拾いますよね」ということです。

ただ、どんなことにもメリットとデメリットがあります。

規模を拡大していくことで、大きくなるリスクも当然、存在します。

例えば、同じようなスペックの物件ばかりを続けて購入すると、同じタイミングでデッドクロスを迎えることになり、資金繰りで苦労する羽目になります。

ですから、物件を購入する際には、ポートフォリオ全体のバランスを考慮することが必要です。

具体的には、エリア、構造、築年数、間取り、残債、残債利回り等が偏ってしまわないように注意しています。

特に気を配るのは、ポートフォリオ全体の平均残存耐用年数です。

これは長ければ長い方がいいといえます。ちなみに、りそな銀行はこの物件全体の平均残存耐用年数を非常に気にしています。

また、どんどん物件は増えているけれど、借入比率が高くて残債が減っていかないような状態だと、決算書のバランスが悪くなります。

スムーズに規模を拡大していくためには、目の前に来た物件だけにフォーカスするのではなく、このように広い視野を持って方針を決めることが欠かせないのです。

改めて言うまでもなく、借り入れのない収益不動産は、最強です。

残債がゼロになった収益物件をうまく使っていくことも、規模拡大の際のポイントになります。

第8章

成功への実践法則
[エネルギーを集中させる仕組みをつくる]

＊　＊　＊

この章では、やるべきことを「仕組み化」することで、継続的に成果を上げていくための方法を紹介します。

さんざんマインドが大事、という話をしてきてナンですが、モチベーションというのはどうしても浮き沈みがあります。

「がんばるぞ！」と思っても、バイオリズムの波の影響を受けて、どうしてもやる気が起きない日や、体調が優れない日も、一年のうちに何回かはあるものです。

ましては、サラリーマンをしながら不動産投資で億万長者を目指すという2足のワラジをはいている状況では、体力も消耗するでしょう。

本来なら365日、不動産投資のことを考えたくても、家族サービスだってしなければいけません。

それでも、どんなときも、やるべきことを実行していくためには、「がんばらなくても継続できる仕組み」を作ることが大切なのです。

52

頑張らなくても良い方法を考える

僕はお金持ちになることを目指していましたが、同時に、常に自由であることへの強い憧れがありました。

不動産投資を始めたばかりの頃は、すべての作業を一人でやっていたので、かなり忙しい毎日を送っていました。

不動産の仕事はやればやるだけ収入につながるので、やりがいがあって好きでしたが、それでも、あまりに忙しい日が続くと、「あれ？　これって自分のやりたかったことだっけ？」と疑問を感じるようになりました。

そんなとき、不動産投資勉強会の仲間で、スタッフを雇ってルーチンワークはすべてまかせているという人の話をききました。

僕はたこやき屋を経営していたときに、好き勝手なことばかりいう若い従業員たちの相手をするのが苦痛で、「自分には人を雇う仕事は向いていない」と思い込んでいました。

でも、その仲間の話をきくと、不動産投資の仕事の場合は、そうでもないのかもしれないと感じたのです。

というのも、たこやき屋の仕事は、お客さんが目の前にいて、何かあるとすぐにその場で対応しなければいけないのに対し、不動産の仕事はそこまで急ぐものはなく、やるべき仕事もマニュアル化できるものが中心だったからです。

そこで、まずは一人、従業員を雇ってみて、できるだけ仕事をまかせられる体制を作ってみました。

それがうまくいったので、規模が大きくなるごとに採用をかけて、現在は4人のスタッフを雇用しています。

僕の仕事はシンプルで、

・やるかやらないかのジャッジをすること

・お金を調達すること

の2つだけです。

仕事には攻め（不動産投資なら物件購入や金融機関の開拓）と守り（管理会社との

やりとりや事務仕事など）がありますが、攻めの仕事しかしていません。

守備をどれだけやっても、利益は上がらないからです。

守りの部分をシステム化すればするほど、攻めに使えるエネルギーが増え、利益が増大します。

人を使うことで特に進めやすくなるのが、次の2つの仕事です。

①優先順位は高くないけれど、しておいた方が良い仕事
②やった方がいいけれど、面倒くさくてやりたくない仕事

例えば自分の場合は、領収書の整理や書類に捺印するなど、細かい仕事はまったくテンションが上がりません。

でも、従業員の人に「これ、○日までにやっておいてください」と伝えれば、きちんとやってくれます。

おかげで、「あれをあとでやらなくては……」とブルーになる必要がなく、常に気分を落とさずにすみます。

53

時給1000円以下でマジメに働いてくれる主婦の人たち

従業員は4名全員が主婦の方で、時給900円～1000円で10時～18時までお願いしています。

土日は休みなので、月に20日、フルで来てもらっても、支払う給料は十数万円くらいです。

フルタイムで4人にお願いしても、人件費は1年の売上の1～2％程度です。

自分では「面倒くさいなあ」「あとでやろうかなあ」と思っていることも、彼女たちは仕事として淡々とやってくれます。

最初に教えるときは時間がかかりますが、不動産投資の仕事は、地主のおじいちゃんやおばあちゃんたちもできるような簡単なものが多いですし、従業員の人たちもほとんどが賃貸物件に住んだ経験があるため、特別なことをしなくても、普通に説明するだけで、仕事を覚えてくれました。

あとは、やりながら、「ここはこうした方がいいよね」という感じで、話し合いながらやりやすいスタイルを作っています。

お願いしてみて思ったのは、「もっと早く頼めばよかった」ということです。

そのくらいのお金で時間が買えるのですから、給料を支払っても、自分のやりたいことをやったほうがいいと思います。

規模によっては、常駐ではなく、苦手な部分だけをお願いするというやり方もあります。

面倒臭がりやで、タスクがたまってしまうという人には、特におすすめです。

54

「ほうれんそう」はドロップボックスやラインで

採用は難しくありません。僕はタウンワークやフロム・エーナビなど、ごく一般的な媒体を使って募集しています。

知り合いの紹介で入った人は、一人もいません。

ときには厳しいことも言いますし、むしろまったく知らない人の方が気兼ねなく、仕事をお願いできると思います。

日本の主婦には、マジメで優秀な人が多くいます。

ときどき見かける野心家の男性社員のように、ノウハウだけ身につけて、さっさと独立するというようなこともありません。

それなのに、子供がいると、なかなか働きに出られないという人が多いのが現実です。

僕はそういう人に入社してほしいと思い、求人ページに、「子育て中のママを応援します」「お子さんの熱が出たら帰ってもけっこうです」「育児休暇あります」というようなコピーをつけています。

すると、いい人が集まってくれます。最近も育児休暇を1年取っていた人が戻ってきました。

もちろん、忙しいときに子供の用事で早退するなど、仕事に少しは支障を来たすこともありますが、時給1000円以下でがんばって働いてくれるわけですから、ありがたいと思っています。

お願いしている仕事は、多岐にわたります。

・基準に合う物件の検索
・競売や公売の入札資料作成
・リーシング活動
・管理会社とのやりとり全般
・リフォーム全般
・裁判所での調停や訴訟
・事故が起こった物件の保険申請
・入金確認などのチェック
・日々の進捗管理報告

仕事の進捗状況については、ドロップボックスを使ってすべて共有できるようにしています。

基本的なデータはすべてPCの中に入っており、違う場所にいても、ネットにアクセスできれば、仕事の話がどこにいても進められます。

一日のうちに何度もラインや電話が鳴るのがイヤなので、ある程度の裁量も持たせています。例えば、「何万円以内の修繕だったらやっておいていいから。大きい事件のときだけ教えて」という具合です。

従業員の人たちには、「すぐやる」ことが大切と常々言っています。

僕は思いついたことをすぐに、「あれやって、これやって」とラインで送り、その結果もラインで送ってもらっています。

顔は会わせませんが、報告・連絡・相談のいわゆる「ほうれんそう」は大切にしていて、依頼したことができていなければ、「どうしてやってないの?」「何が問題だったの?」と早い段階で解決するようにしています。

ただ、基本的に、細かいことは言い過ぎないようにしています。

そのほかに、外壁のカラーリングなど、クリエイター系の業務は「ランサーズ」(http://www.lancers.jp/)などを使って、外注することもあります。

その方が、従業員が重要な仕事に集中できるので、全体の効率が上がるのです。

僕は3年目から人を雇いましたが、これから始める人で、本当に大きく規模を拡大したい人は、最初から人を雇うことも考えるべきだと思います。

55

社員たちが働く事務所と自分の事務所は場所を分ける

補足ですが、僕は主婦の人たちが働いている事務所と、自分の事務所を分けていま す。

そのため、従業員の人と顔を合わせる機会は年に数回しかありません。

一人で考える時間が欲しいですし、従業員たちも社長がいない方が楽しく働けると思うので、そのようなやり方にしています。

僕はだいたい毎日、10時頃に起きます。それから準備をして、20分くらい歩いて、昼前に事務所につきます。

そこから社員から上がってきた報告などを見て、そのあとで人に会ったりします。アポは多い日は3件くらいありますが、一週間に2件しかないときもあります。

事務所は交通の便がよい街の中心地にあり、建物の1階には打ち合わせができるラウンジがあるので、打ち合わせのときは、だいたいそこに来てもらいます。銀行の方も来てくれます。

セミリタイアした人にときどき質問されるのですが、家と事務所は絶対に分けたほうがいいと思います。

僕らの仕事は、判断することと、考えることです。

一人で集中できる場所を持たないと、いいアイディアが浮かばなくなってしまいます。

56

マンパワーが集まれば大きな仕事ができる

苦労している不動産投資家を見ると、自分がやるべきことと、やらなくていいことがわかっていないように思います。

オーナーは不動産チームのリーダーなのですから、それを自覚して、やるべきことの優先順位をちゃんとつけるべきです。

身体でも、脳と手と足はそれぞれに役割が違います。脳がしっかりしていなければ、手と足はきちんと向かう方向に進めません。

そして、オーナーは優秀な脳であるべきです。

脳の仕事に専念して、手と足の部分は人にまかせることができれば、エネルギーを考えることに集中させられるため、仕事の効率が上がります。


人を雇うと固定費がかかるとか、やめさせるときが大変などといって、何から何まで全部自分でやりたがる人がいます。

「自分でやった方が楽だから」という人がいますが、「それ本当？」と思います。

本当は、人に頼んだ方がいいと思っているのに、やり方がわからないとか、人を雇うのが大変そうとか勝手なメンタルブロックをかけて、やらないだけなんじゃないの？　と勘繰ってしまいます。

器といってしまえばそれまでですが、億万長者クラスを目指すなら、そこはやはり、人の力を使った方がいいといえます。

他の不動産投資家を見ていて思うのですが、人に任せていかないと大きくなりません。

人のお金を使ってできるのが、不動産投資の強みですが、同じように、人の能力を使って、仕事を進められるのも不動産投資の大きなメリットです。

資本金が大きいほど、大きなお金を動かせるように、マンパワーも集まれば、大きな仕事ができます。

僕は何か仕事をする時、「これは自分にしかできないことだろうか？　それとも、誰かにお願いできることだろうか？」と常に考えるようにしています。

そして、「誰かにお願いできる」と思ったら、すぐに人に任せるようにしています。

適材適所です。合理的であればあるほど、収入は増え、目指す場所に早く到達できます。

第9章

億万長者になる人はみんな大事にしている共通認識

＊＊＊

ここまで、億万長者になるためにやるべきことを紹介してきました。スタッフを雇うなど、中には、まだまだ先の話に聞こえたこともあるかもしれませんが、決してそんなことはありません。

雪だるまは、転がり始めると急速に大きくなり始めます。

最初に仕組みを作るまでは大変ですが、仕組みが完成し「やるべきことをきちんとやれる」状態になると、サラリーマンでいたら絶対に体験できないようなお金持ちの世界に突入することができます。

その変化のスピードは驚くほどです。

この章では、1章～8章では書けなかったけれど、億万長者になるために大切なことを伝えたいと思います。

これまでに述べたことと重複する部分もありますが、大事だから何度も言うんだなと理解してもらえればと思います。

57

すべての行動に意味がある

お金持ちの成功者たちは、今、自分がどこに向かっていて、何のためにその行動をとっているのかを常にわかっています。

別の言葉で言えば、意味のないことをしません。

衝動的に動いて、失敗するということはほとんどないと思います。

「何してるの？」

「いや、よくわからないけど、やれって言われたからやってる」

という人とは真逆ということです。

休日にのんびりと過ごす時も、ただ時間を垂れ流すのではなく、「今日は休んで、来週のために充電だ」というように目的をしっかり持っています。

僕自身、何かする時はいつも、「この行動は利益に結びついているか」ということを意識しています。

例えば、知人の年配の大家さんで、毎月、家賃を手渡しで受け取っている人がいました。入居者さんが家賃を渡すと、その人はそのお礼としてミカンやリンゴを渡していました。

そのやりとりがなんだかとてもいい感じで、「楽しそうだなあ」と思ったこともあります。

でも、僕はその人と同じことをする気はまったくありません。

入居者とかかわろうと思っていないということもありますが、それよりも、「そこから利益が生まれない」というのが大きな要因です。

老後にそういうことを自分の楽しみとしてするのはアリかもしれません。

でも、僕はまだ夢の途中です。100億円借り入れるまで、まだまだ上を目指さなければいけません。

その段階で、利益にならないことにエネルギーを費やそうとは思いません。

他にも、あらゆる場面で、「無駄なことはしない」ように心がけています。

例えば僕は、DIYも自主管理もやりません。通帳を持って銀行に行き、記帳をすることもありません。領収書や請求書を税理士に送ることもしません。

なぜなら、それらの行動は利益に結びつきませんし、銀行からも評価されないからです。

プライベートでもそれは同じで、我が家は家事手伝いの方に週1～2回来てもらって、家の掃除・洗濯・ゴミ出しとベットメイクをやってもらっています。

月額2万5000円位で家事のストレスから解放され、時間もできるのです。

自分以外の人にお願いできることは人にまかせて、やるべきことに力を注ぐべきです。

58

決断も行動も素早い

成功する人は、どんなことも、思い立ったらすぐやるという共通点を持っているように思います。

例えば、昼間にランチを食べながら「その話、詳しく知りたい」と伝えたことが、1時間後に帰宅したらもうメールで届いていたという具合に、その日の用事を次の日に持ち込まないというスピーディさがあります。

僕はものすごく面倒くさがりやなので、意識しないと「まあ、いいや」と思ってしまいます。

でも、そういう自分は嫌なので、とりあえず、ラインでスタッフの人に「これをやって」と頼むことで完結するような仕組みを作ったのです。

何かを頼むときも、思いついたその場で相手に伝えるようにしています。

コツは、「あとでやろう」「明日やろう」と思わないことです。時間が経てば経つほど、面倒くささが増してしまいます。

決断するときもスピードが重要です。

僕は、優柔不断な億万長者とか、優柔不断な成功者を見たことがありません。

どんな挑戦も、「結果」は、次の公式で決まると思います。

結果＝知識×行動量×決断スピード

①知識＝やり方を知っているかどうかだけ（知識のQualityが最も大切）
②行動量＝正しい知識に基づいた行動量
③決断スピード＝悩んでいても時間の無駄

知識は本を読んだり、尊敬できる仲間と情報交換をしたりすることで得られます。

行動量も仕組み化をうまく利用することで、増やしていけます。

でも、最後の「決断スピード」というのは、生まれながらの性格なども関係するため、なかなかうまくいかないという人も見られます。

いつまでも悩んでしまうという人も意外と多くいます。

これを防ぐためには、日頃から成功イメージを頭に描いておき、その決断をすることの先にその成功イメージが続いている気がするなら「やる」という方法がおすすめです。

59

サラリーマン時代の経験を生かす

僕の周りのお金持ちの多くがすでにサラリーマンを卒業していますが、会社員時代のグチや上司の悪口をネチネチ言うような人はいません。

むしろその逆で、サラリーマン時代の経験を不動産投資やその他の活動に生かしながら、「あのときに苦労してよかった」「どんな経験もムダにならない」という言い方をする人が多い印象です。

それと、間違いなく言えるのが、大きく稼いでいて、人からも好かれている人たちは、不動産投資をする前の仕事でも、活躍していたということです。

どんな環境でもベストを尽くせる人だからだと思います。

ブログに上司の悪口を書きまくったり、不動産投資家の集まる飲み会で、会社のグチを言い続けて、「早くセミリタイアしてやる」なんて言っている人で、大きく成功した人を見たことがありません。

僕自身も、最初に入った広告の営業の仕事は面白かったですし、いい経験になったと思っています。

営業電話をかけまくっていたので、途中からは相手の声のトーンで、「この人は買ってくれる」とか、「絶対に買わないだろう」ということがわかるようになりました。

不動産投資家になった今も、相手の声をきけば、「この指値は通りそうだな」とか、「買えないな」ということが想像できます。

60 不動産投資の世界以外も知っている

世の中には、不動産投資なんてやらないほうがいいという人もたくさんいます。

例えばホリエモンは、「これから人口が減ってタダみたいになるのに、今高いお金を出して不動産を買うなんてバカ」と言い切っています。

きっと、天才的にビジネスできる人や、事業がうまい人からみたら、利回りが10％

とか20％の投資は、面白みがないのだと思います。

1億円借りて、1000万円儲かることを目指すのが不動産投資ですが、ほかのビジネスなら、1億円を10億円にすることを目指すでしょう。

それに、大家業は昔からある仕事で、目新しさがありません。もっと革新的なことをしたり、新しいものを作ったりする方が価値があるという見方もできます。

僕は不動産投資が好きですが、世の中にはこういう見方もあることをしっかりと受け止めることは大事だと思います。

人は人、自分は自分です。

不動産投資のことを否定されると、ムキになって反論したりするのは、ちょっと違うような気がします。

成功している不動産投資家たちは、広い視野を持っていて、世の中には色々なお金儲けの法方があるということを知っています。

自分のやっていることを、俯瞰してみる冷静さを保ちながら、「誰がなんといおうと自分はこの道で成功する」、という強いマインドを持って突き進むことが大切なのではないでしょうか。

61

健康でいることに注意を払う

僕がカッコいいなと思う億万長者の先輩たちの中には、マラソンや筋トレなど、身体を動かす習慣を持っている人たちが多くいます。

運動は面倒くさい人間がもっとも避けたいアクションだと思います。

そう考えると、やっぱり億万長者は面倒くさがらずに行動する能力に長けている人たちだと改めて感じます。

定期的に人間ドッグにいっている人も少なくありません。僕自身も半年に1回は必ず行くようにしています。

その他、なかなか実践できませんが（笑）、暴飲・暴食を控えて、適度な運動と睡眠をとるということも、心がけています。

有酸素運動中に新しいアイディアが生まれることが多いと聞いてから、スポーツジムにも通っています。スポーツジムにある大きなジャグジーに手足を伸ばして入ることも、リラックス法のひとつになっています。

それと、細かい話ですが、専業大家になる前に製薬会社のＭＲの仕事をしていたこともあり、風邪をひいたらすぐに薬を飲んで、ひどくならないうちに治すようにしています。

高熱でも出したら３日間くらい使い物にならなくなってしまいます。ちょっとした行動でそれを防げるのですから、やらない手はありません。

ときどき、いつ会っても体調が悪そうで、「忙しい、忙しい」と言っている人がいますが、僕の周りの成功者にそういう人はいません。

休む時はしっかり休んで、元気になって仕事に取り組んでいます。

体調管理も仕事のうち。みんな、「身体が資本」ということをよくわかっているのだと思います。

62

常にベストな精神状態でいる

僕のまわりのお金持ちの先輩たちは、いつ会っても穏やかな雰囲気という人がほとんどです。

今日は機嫌が悪いなあとか、やけにテンションが高いなあというようなことはありません。なんというか、精神状態が安定しているのです。平常心といってもいいかもしれません。

僕はジャイアンというニックネームをつけられるくらいですから、短気で怒りっぽいと思われがちですが、実際はそうでもありません。怒ることは滅多になく、人とワイワイ楽しく過ごすことが大好きです。

しかし、そうはいってもたまには、腹が立つようなこともあります。そういうときは怒らないで、少しの間、その人と距離を置くようにしています。

怒るとそれがストレスになりますし、会えばどうしてもガマンすることになるので、会わないことが一番平和なのです。相手に振り回されないことが大切です。

そんな僕自身が、いつもベストな精神状態でいるために、心がけていることがあります。

その一つが、仕事、プライベート、家庭、時間、お金、人間関係、健康についてのバランスを気にかけるということです。

僕はお金が好きなので（笑）、放っておくと仕事とお金の比重が高くなりがちですが、それでは家庭にしわよせがいったり、体調を崩したりして、理想の自分を保てません。

精神衛生上、とてもプラスだと思うのは旅行です。

僕は仲間と時間を共有することと、そしてその土地の名物を食べることを目的に、しょっちゅう旅に出ています（僕はおいしいものを食べることに命を懸けていて、普段から大阪を中心に食べ歩きをしています。最高1日で10軒もハシゴをしたことがあるほどです！）。

旅に行くと空気、音、味、人、景色、思考、文化など、日常のルーティンとは違う刺激に触れることができ、それが新たなアイディアを生むきっかけになったりします。

居心地のいいホテルで過ごす時間も、リラックスには最高です。

僕はエクシブのリゾート会員権を持っているので、海外の提携ホテルに7泊で3万2400円で泊まれるなどの様々なサービスを享受できます。ホテルウエスティン、シェラトン、セントレジスなどのスターウッドグループのプラチナ会員、ヒルトングループのダイヤモンド会員でもあります。

このようなステータスが付くと、いつもスイートルームにアップグレードされたり、16時までのレイトチェックアウトが許されたり、クラブラウンジが利用できたりして、旅がずっと楽しくなります。

さらに言えば、僕はマイルオタクでもあります（笑）。JALとANAの合計で毎年100万マイル以上貯まるため、世界のどこでもマイルを使ってビジネスクラスで旅行することが可能です。

毎月、国内外問わずに旅行に行っていたら、ANAはSFC、JALはJGCという上級会員のステータスを去年と今年で取ることができました。

会員資格を取るまでは、一定の手間とお金がかかりますが、一度そのステータスに到達すると、コスパが最高の旅を楽しむことができます。

あとは、毎回できるわけではありませんが、何事にも感謝の気持ちを持つことを心がけています。

そうやって、心が安定しているから、ビジネスややりたいことに、集中してエネルギーを投入できるのだと思います。

そう思うと、いつも仕事から帰った僕を明るく迎えてくれる家族にもありがたいという気持ちがわいてきます。

63

やりたいことと生き方がリンクしている

カッコいい億万長者たちの多くが、好きなことを仕事にしています。

不動産投資にも色々なやり方がありますが、それぞれに、自分の強みを生かして、楽しめるやり方で取り組んでいるという印象です。

オシャレな人は、カッコいい建物を作ることを楽しんでいて、ものづくりが好きな人は自分の物件の設計をしたり設備を選んだりするのが生きがいのようです。

好きなことで稼げるようになると、誰にも言われなくてもどんどん働くので、自分が楽しめば楽しむほどお金が増えるようになり、資産の拡大スピードが加速します。

ここは億万長者を目指すなら押さえておくべきポイントだと思います。

前に触れたように、僕はサラリーマン時代にフランチャイズのたこ焼き屋を2店舗経営していました。

知り合いが副業で始めたのを知って、儲かりそうだから自分もやってみようと気軽な気持ちで興味をもったのです。

別に、たこやきが大好きだからとか、店を持ってみたかったからとか、ホットな動機があったわけではありません。

それでも、やってみると意外とうまくいきました。

家の近所の商店街の空き店舗を、家賃15万円から8万円にまけてもらい、初期投資250万円をかけてオープンすると、初月の売上が450万円ありました。

営業利益も120万~130円万ぐらいあり、最初の投資は3カ月で回収しました。

飲食店って儲かるんだなあ、と思いました。

しかし、調子に乗って2つ隣の駅で2店舗目をオープンしたところ、こちらは見事に外して3カ月で撤退。

1年ぐらいすると、1店目の方もトントンになり始めたので、採用していた人員ごと、直営の会社に全部無償で引き渡しました。このときはスッキリしました。

初期投資は回収していましたから、がんばって続けるという選択肢もあったと思います。

でも続けようと思わなかったのは、人の管理だとか、クレームだとか、日々の売上などで、気持ちが一喜一憂してしまうことがつらくなったからです。

ちょっとしたことで元ヤンみたいな従業員に何かいわれたりするのも、すごく嫌でした。大して儲からないわりに、ストレスが大きいのです。

それで、ちょっと儲かったぐらいのところで店を譲渡する決断をしました。

飲食店で大成功している人もいる中で、そうなったということは、結局、自分に合わなかったのだと思います。

不動産投資を始めたときは、この時の失敗体験があったこともあり、ものすごくいいビジネスに感じました。

天気次第で売上が変わる飲食店と違い、賃貸業は安定した売上が見込めます。やろうと思えば5年後、10年後の売上も予測することも可能です。

収支予測も立てられて、売却の際にも入居者を入れたまま売れると知った時は、なんて堅い商売なんだと思いました。

しかも、融資まで受けられるのです。一人で過ごせる時間を作りやすいことも嬉しかったです。

もちろん、面倒なことや大変なこともありますが、僕はこの仕事は好きでやっているので苦になりません。これが天職っていうことなのかと感じています。

不動産投資で億万長者を目指すなら腹を決めろ、なんていいましたが、全員が全員、不動産投資に向いているとは限りません。

僕にとってのたこやき屋のように、ちょっと儲かりそうだからやってみたけど、やっぱり自分に向かなかったという人も絶対に出てくると思います。

不動産投資は、最初の投資から、回収するまでに年単位の時間がかかるので、せっかちな人、すぐに成果を上げたい人は、特に向いていないかもしれません。

そういう人こそ、すぐに結果が出る飲食店などに行くと楽しめるかもしれません。

ただ、しつこいようですが、不動産投資は今の日本で短期間で大金を作るには最も適したシステムです。

ですから、不動産投資が面白くないという人は、この仕組みをお金を増やすためのツールと割り切り、その利益で自分の好きなことを思い切りするという目標を持つといいのではないでしょうか。

行きたい方向と不動産投資がガッチリ組み合わさると、マインドにエネルギーが注ぎ込まれて、行動が加速します。

不動産投資で作ったお金で世界一周旅行に行く！

毎日、ゴルフをしまくる！

沖縄に移住する！

子供に嫌がられるくらい子供と遊ぶ！

小さい頃から憧れていたスポーツカーを買う！

親孝行をする！

お金があれば、できることは、たくさんあります。

僕自身、100億円借り入れた先で、何をするのかはまだ、決まっていません。

今はこのお金を増やす過程が面白く、仲間たちや先輩と過ごす時間も好きなので、目一杯稼ぐというチャレンジ自体を思い切り楽しみたいと思います。

この5年で、僕の人生は大きく変わりました。

お金と時間の余裕から、たくさんのものをもらいました。

まだまだスピードを弛めるつもりはありません。5年後、10年後の自分がどこまでいっているか、今から楽しみです。

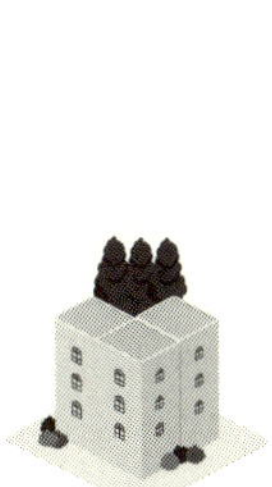

おわりに

不動産投資で成功すること、ましてや短期間で規模を拡大して億万長者になることは、決して簡単なことではありません。

そこには飛び級もショートカットもありません。今、大きな成功を収めている人も、過去には数え切れないほどのトライ&エラーを経験しています。

大事なのは、ドラゴンクエストのように、地道にレベルを1つずつ上げていくことであり、心を折らずにやるべきことを淡々と続けることです。

本書でも書いたように、現預金と銀行の与信の積み重ねが、成果を生み出します。

不動産投資はそれ以外の飛び道具が使えない代わりに、いきなり後から来た人に追い抜かれるようなこともないフェアーな世界であり、やっただけの見返りがあります。

それでも、買い付けが通らなかったり、続けて融資を断られたりして、モチベーションが上がらない時もあるでしょう。

そんな時は、同じ志を持つ仲間たちに会うといいと思います。

基本的に一人が好きな僕も、ときどき、仲間に出会うと、「自分もがんばろう」というパワーをもらうことができます。

ですから、今、自分ひとりで不動産投資にチャレンジしようとしている人には、励ましあえる仲間を見つけることをおすすめします。もし、そういう仲間がいないという人は、僕のコミュニティーに参加してみてください。

僕が先を行く先輩たちに助けられたように、自分も人の役に立てたらと思い、立ち上げたコミュニティーです。地元の大阪だけでなく、東京でも開催する予定です。コミュニティーの案内については、次ページのQRコードからご確認いただけます。勉強会などに興味のある方はメルマガ登録をお願いします。

最後になりましたが、この本の出版を後押ししてくれた中村一晴さん、ありがとうございました。その他、ジャイアンと呼ばれるほどやりたい放題な僕をいつも気にかけて、力を貸してくれる仲間たち、チームの皆さんにも、この場を借りてお礼申し上げます。

2016年　9月吉日

木下たかゆき

木下たかゆき（きのした・たかゆき）

不動産投資家。1982年生まれ。大阪府和泉市出身。関西学院大学商学部卒業後、求人広告の営業などを経て2010年12月に不動産投資をスタート。問題有りの物件を相場より圧倒的に安く購入して再生する方法で規模を拡大。33才で満室想定家賃約6億円を達成する。

6年間の投資総額は40億円以上。2016年8月時点で住居系マンション、アパートを中心に、オフィスビル、テナントビル、ソシアルビル（スナックビル）など計50棟900室弱の不動産を所有する。6億円の家賃収入以外に毎年数千万～2億円の売却益があり、現在も資産を拡大中。趣味は旅行とグルメ。毎月、国内外を旅しながら各地の名物を食すことが何よりの楽しみ。

取材や講演などの各種お問合せにつきましては、下記のメールアドレスまでご連絡ください。

adsl1109@gmail.com

編集協力：加藤浩子（オフィスキートス）

最速《さいそく》で億《おく》を稼《かせ》ぐ！ 不動産投資《ふどうさんとうし》［成功《せいこう》の原理《げんり》原則《げんそく》］

2016年10月11日　初版発行
2016年11月18日　3刷発行

著者　木下たかゆき
発行者　常塚嘉明
発行所　株式会社 ぱる出版
〒160-0011　東京都新宿区若葉1-9-16
03(3353)2835 ―代表　03(3353)2826 ― FAX
03(3353)3679 ―編集
振替　東京 00100-3-131586
印刷・製本　中央精版印刷(株)

ISBN978-4-8272-1020-0 C0033